AF467814

# LA FRANCE ET L'EUROPE.



## SYSTÈME DÉFENSIF.

## AMÉLIORATION DU SORT DE L'ARMÉE.

ÊTRE OU NE PAS ÊTRE.
*To be or not to be.*
SHAKESPEARE.

TAILLEFER.

20 mars, quarante-unième anniversaire du jour où, à Héliopolis, neuf mille Français, Kléber, général, ont détruit quatre-vingt-dix mille Turcs et Anglais.

PARIS.

CHEZ DELAUNAY, AU PALAIS-ROYAL,

ET CHEZ TOUS LES MARCHANDS DE NOUVEAUTÉS.

1841

A LAFAYETTE,

A JOURDAN, BAILLY, CARNOT,

LA ROCHEFOUCAULT-LIANCOURT,

FOY, CASIMIR PÉRIER.

AU MARÉCHAL GÉRARD,

Commandant des Gardes nationales du département de la Seine.

AU MARÉCHAL SOULT,

Ministre de la guerre.

# AVANT-PROPOS.

L'Europe rêve l'abaissement d'abord, puis le démembrement, le partage de la France.

Elle veut s'enrichir de nos dépouilles; elle veut surtout anéantir avec nous l'esprit de progrès, de libéralisme, disons le mot, l'esprit révolutionnaire qui menace tous ses gouvernemens.

La coalition vingt fois dissoute, vingt fois reformée, se montre à nous plus menaçante que jamais, renforcée de plusieurs populations, et fortifiée d'une organisation plus compacte, plus savante, fruit d'un demi-siècle d'expérience chèrement achetée.

De quelques sophismes qu'on s'efforce d'obscurcir cette vérité, elle est évidente, elle frappe tout esprit juste et habitué à réfléchir.

Dans l'état actuel des choses, nous ne pourrions toujours résister aux efforts combinés de l'Europe.

Au moment des grandes crises, comme en 1793 et 1794, l'armée peut être portée à plus d'un million de soldats; mais cet état n'est point normal : de tels efforts ne peuvent être que momentanés, ils épuiseraient bientôt population et finances, tandis que l'agriculture, le commerce, l'industrie y trouveraient une prompte cause de paralysie et de mort.

Ce n'est donc point sur l'armée seule que nous devons nous appuyer : il est nécessaire que la population virile veille avec elle au salut de l'Etat; mais elle attend encore une organisation : la loi sur la garde nationale ne satisfait à aucun des besoins (1).

Aux informes milices féodales ont succédé les armées régulières ; l'Europe est couverte d'hommes faisant de la guerre l'unique occupation de leur vie : la guerre est devenue une science profonde et un art poussé à une perfection qui mettrait dans un état d'infériorité désespérante toute nation se fiant uniquement à ses milices.

Cet état de choses, outre les graves inconvéniens inhérens à ces grandes réunions permanentes, présente aux nations un danger d'une autre nature : tandis qu'une portion de la population est, par état, chargée de veiller au salut de tous, la masse de la nation perd dans l'isolement et les douceurs de la vie civile toute possibilité de se faire respecter elle-même ; elle est le jouet des ambitions, des caprices du plus fort, c'est-à-dire de celui qui commande à plus de soldats.

(1) Aux articles *Garde nationale mobile* et *Garde nationale sédentaire*, j'ai présenté l'examen des dispositions principales de la loi qui nous régit et signalé ses vices radicaux.

Que des armées étrangères, supérieures en nombre, ou mieux dirigées, écrasent l'armée nationale, la nation entière passe sous le joug. Qu'un chef militaire prenne assez d'empire sur ses subordonnés, la nation est à sa merci.

C'est contre ces deux dangers que la France doit songer à se prémunir. Son indépendance menacée, sa souveraineté nationale naguère si compromise, lui font la loi de sortir enfin des vieilles ornières.

C'est par l'alliance intime et savamment combinée de la garde nationale et de l'armée qu'elle peut résoudre le grand problème : *faire à jamais respecter sa nationalité par tout ennemi extérieur, et sa souveraineté par tout ambitieux.*

Mais l'organisation actuelle de la garde nationale, réunissant pêle-mêle les citoyens, sans égard aux positions respectives, sans noviciat des armes, ne peut remplir ce double objet.

Former des catégories de citoyens calculées de manière à utiliser, en les groupant, les spécialités, les aptitudes individuelles, en froissant le moins possible les intérêts et les habitudes de chacun, est ce que doit faire la loi sur la garde nationale; c'est ce que je me suis efforcé de développer dans cet opuscule.

J'ai embrassé la vie entière du citoyen ; j'ai observé les diverses positions, je les ai classées d'après les rapports d'âge, d'état, d'habitudes, pour tirer tout le parti possible des forces de tous et rendre la charge légère pour chacun en la divisant.

Quant à l'armée, j'ai recherché consciencieusement les moyens de rendre son sort meilleur, et je crois que, outre les réflexions générales, les articles *Compagnie d'instruction*, *Soldats*, *Remplaçans*, *Retraite*, *Service de santé*, etc., renferment des vues d'une utilité incontestable et d'une facile exécution [1].

La garde nationale et l'armée s'appuyant l'une sur l'autre, marchant de concert, se prêtant mutuellement des élémens d'ordre et de force : l'armée son instruction militaire à la garde nationale, celle-ci le concours de sa masse et sa force nationale, les peuples réunis ne peuvent rien contre nous.

La France, mais la France seule, peut faire mentir deux célèbres prédictions, celles de J.-J. Rousseau et de Napoléon. Non, l'Europe ne sera pas russe, si nous nous mettons sérieusement en mesure de repousser toutes les tentatives de la Russie. Arrêtons d'abord le cours de ses envahissemens en secourant généreusement les populations successivement menacées, et bientôt nous la forcerons à faire les premiers pas rétrogrades.

[1] La seule faveur que je réclame est de n'être jugé qu'après *lecture entière* : cette brochure renfermant un système complet dont les parties ne peuvent être jugées séparément.

Mais ne comptons que sur notre propre force : le mauvais vouloir des gouvernemens de l'Europe nous est acquis à jamais ; tous regardent avec terreur la France comme l'arsenal des révolutions qui menacent les privilégiés et les trônes.

Tant que le libéralisme trouvera en France un foyer permanent où tous les cœurs généreux viendront se réchauffer, se retremper, puiser des inspirations et des forces, les despotes trembleront sur leurs trônes chancelans.

Mais, les convulsions de leur agonie seront terribles; elles ébranleront le monde : tout sera mis en œuvre pour la retarder, et la France est le but contre lequel se dirigeront tous leurs efforts ; heureux, mille fois heureux s'ils pouvaient l'humilier, la diviser, l'abattre et la partager.

Tous tiennent en réserve un prétendant, prêts à le lancer à propos contre la France, comme une fusée incendiaire ; tous organisent des intrigues, répandent l'or, font sonner leurs trompettes sur tous les tons ; mais le bon sens public fera justice de toutes ces menées ; nous resterons unis et forts pour leur éternel désespoir.

En vain ils convoitent nos provinces; en vain le traité de partage a été signé entre eux à Pilnitz, et ravivé de lustre en lustre, de congrès en congrès, depuis un demi-siècle ; nous resterons la grande nation, malgré tous leurs efforts.

Nous améliorerons notre état social entre nous,

sans l'intervention et en dépit de l'étranger. Mais songeons d'abord à créer notre système défensif, car il faut songer à ÊTRE avant de songer à la manière d'*être*.

Laissons nos politiques à courte vue croire que tout est gagné quand ils ont obtenu quelque répit; s'ils se font illusion, gardons-nous de la partager, elle serait funeste, elle pourrait être *mortelle*. Comme l'épée de Damoclès, le danger de la coalition reste toujours suspendu sur nos têtes.

Que la guerre générale éclate aujourd'hui, qu'elle soit retardée plus ou moins long-temps, elle n'est pas moins et *toujours imminente*. La révolution française, avec son libéralisme, ne laisse aux gouvernans de repos ni jour ni nuit; elle est sans cesse devant leurs yeux comme un effrayant fantôme. Ils succomberont, mais ils succomberont en s'épuisant pour l'abattre; préparons-nous donc à la soutenir.

Que la France le veuille, et le veuille fortement, elle peut, sans efforts extraordinaires, mais par un emploi sage et permanent de ses forces, braver à jamais l'Europe, et dire à la barbarie : « Tu n'iras pas plus avant; tu t'arrêteras » là, devant mes armes, jusqu'à ce que tu recules » enfin devant les lumières dont je t'inonderai. »

# LA FRANCE ET L'EUROPE.

---

## SYSTÈME DÉFENSIF.

### AMÉLIORATION DU SORT DE L'ARMÉE.

ÊTRE OU NE PAS ÊTRE.
*To be or not to be.*
SHAKESPEARE.

Pologne, Venise, Turquie, qu'êtes vous devenues?...

Un sort semblable au vôtre est-il réservé à la France?...

La Pologne n'est plus!... la Pologne peuplée jadis de quatorze millions d'habitans, les plus belliqueux de l'Europe, elle qui a si long-temps fait trembler les Russes, dominé à Moscou, refoulé l'islamisme alors qu'il menaçait la chrétienté entière, sauvé Vienne et l'Allemagne, gouverné la Prusse, un de ses fiefs il y a moins de cent cinquante ans, la Pologne est rayée du rang des nations!...

Qu'est devenue Venise, souveraine des mers, arbitre des nations, reine du commerce, mère de l'industrie ?

En quel état est la Turquie ?

La France de Charlemagne, de Louis XIV, de la

République, de l'Empire, est aussi menacée dans son existence.

Une coalition compacte, permanente, fortement organisée, de tous les souverains, de toutes les aristocraties de l'Europe, est depuis long-temps formée contre elle; qu'elle n'en attende jamais de paix : les traités décorés de ce nom ne seront que des trèves destinées à organiser des intrigues, réunir des forces et attendre un moment favorable de nous attaquer; les alliances, de perfides, de cruelles déceptions. C'est son anéantissement, son partage, que rêvent follement les gouvernemens de l'Europe.

L'existence de la France, foyer de civilisation, flambeau destiné à éclairer le monde, la France sur les bannières de laquelle les peuples lisent avec envie : *Liberté civile, politique et religieuse, égalité de droits, de devoirs, progrès en tous genres*, la France est l'effroi des oppresseurs, le modèle et l'espoir des opprimés.

Sur les drapeaux des divers gouvernemens sont tracés en caractères sanglans : *Priviléges, avantages sociaux pour le petit nombre; oppression, misère, abjection pour les masses.*

Les deux principes sont en présence; entre eux guerre éternelle, guerre à mort.

Est-ce la France? est-ce le progrès, l'amélioration, l'affranchissement des masses qui doit succomber?

Non, si les Français, unis entre eux, quittent

les ornières de la vieille routine pour s'organiser fortement.

Oui, s'ils consentent qu'un petit nombre combatte pour le salut de tous, si le reste de la nation s'engourdit dans un lâche et stupide égoïsme.

Nous succomberions à la fin, si nous n'opposions à l'Europe, constamment coalisée, que l'armée régulière, quelque brave qu'elle soit, et quoiqu'elle ait gravé ses exploits sur toutes les capitales de l'Europe.

La France ne pourrait toujours résister ; car sa population étant à celle de l'Europe comme un est à six, l'Europe (sans compter les ressources que la Russie tire de l'Asie) peut toujours lui opposer six fois plus de soldats qu'elle n'en pourrait armer, et ce nombre même est inférieur à la vérité, parce qu'en France le temps de service est limité à cinq ans, tandis qu'il est plus long dans tout l'Europe : il est de vingt ans en Russie. Or, quoique le soldat français ait mainte fois prouvé qu'il peut combattre avec avantage contre un ennemi supérieur en nombre, cependant, à la longue, six à huit contre un doivent l'emporter. D'ailleurs, à pertes égales, le pays qui seul combattrait toujours contre tous s'épuiserait le premier.

Est-ce donc une raison de nous décourager ?

La France doit-elle humblement recevoir la loi de l'Europe ?

Non, cent fois NON. Seule contre tous, elle se suffira facilement, étant convenablement dirigée et organisée.

« On ne tirerait pas en Europe un coup de » canon sans ma permission, disait Frédéric le » Grand, si j'étais roi de France. » La République et l'Empire ont prouvé s'il avait bien apprécié notre force!

D'abord, de toutes les nations de l'Europe, la France est la seule qui forme un tout homogène. Chez nous point de Flamands, de Languedociens, d'Alsaciens, de Bordelais; mais trente-trois millions de Français, obéissant aux mêmes lois, habitués aux mêmes formes administratives, au même service militaire, ayant les mêmes mœurs, des usages pareils, un seul intérêt, presque une seule langue. Chez nous l'amour des localités disparaît devant l'amour de la patrie. Tous, nous sommes fiers du nom de Français, fiers de notre vieille gloire militaire, scientifique, littéraire, artistique; heureux de l'équité, de la douceur de nos lois, de l'égalité qu'elles consacrent, de la liberté qui fleurit à leur ombre, de l'aisance générale, fruit de l'industrie libre et de la grande division de la propriété.

Chez nous, et chez nous seulement, les yeux ne sont pas choqués de l'arrogance des seigneurs et de la servilité de leurs serfs ou de leurs dépendans. En France, tout homme est citoyen; partout ailleurs, je vois des maîtres, des sujets, des esclaves.

Notre belliqueuse nation n'est pas disséminée sur des espaces immenses; le sol, assez resserré, mais riche, qui la nourrit, appuyé contre les Alpes et la Suisse d'un côté, de l'autre contre les Pyrénées, faciles à défendre; protégé par les deux mers, et sur ses frontières du nord et nord-est par de bonnes et nombreuses citadelles, est partout sillonné de routes et canaux permettant de porter promptement des forces et des ressources aux endroits menacés.

Est-il au monde un pays plus riche en ressources de tous genres ? Lors de la première révolution, la France désorganisée, sans finances, sans armes, sans munitions, en proie à la guerre civile et à la famine, fait face à tout, refoule l'Europe conjurée, et bientôt promène ses armées victorieuses de capitale en capitale.

Et c'est une telle nation qu'ils prétendent anéantir, maintenant que nous avons les finances les mieux administrées de l'Europe, que nous possédons l'armée la plus citoyenne, la plus brave, la plus instruite, la mieux disciplinée, ayant la garde nationale pour réserve et une nombreuse population prête à prendre les armes!

En regard de ce faisceau si compacte, et de tant de ressources, quel tableau nous présentent les peuples de l'Europe ?

L'Angleterre, dévorée par le paupérisme, accablée d'une dette de vingt milliards, ébranlée par le radicalisme, opprimée par une aristocratie qui possède le sol, les capitaux, les places, tous les avantages sociaux, et qui écrase de son luxe et de son insolence un peuple plongé dans la misère; traînant à sa remorque l'Irlande, qu'elle traite encore en peuple vaincu, l'Irlande profondément ulcérée, dont les habitans sont séparés des Anglais par la religion, par les intérêts, les mœurs, la langue et une haine nationale profondément invétérée; l'Angleterre a tout à craindre d'une guerre bien conduite.

Elle puise toutes ses richesses de l'Inde, déjà menacée par la Russie, supportant impatiemment le joug de ses oppresseurs, prête à se révolter si une armée ou une flotte puissante venait lui offrir l'espoir de la délivrance.

C'est en Irlande, c'est surtout dans l'Inde, que l'Angleterre est facilement vulnérable. Et le Canada, cause prochaine d'une guerre entre ses oppresseurs et la république américaine, dont il aspire à faire partie, désespérant de reprendre jamais le nom de Nouvelle-France, vient encore accroître les embarras de sa métropole détestée.

La Russie est un colosse composé de parties hétérogènes violemment unies : opposées de mœurs, de langage, d'intérêts, de religion [1], une main puissante les force à marcher sous les mêmes drapeaux; mais au moindre revers, Polonais, Caucasiens, Finois, Cosaques, etc., tendront la main à leurs libérateurs; tous soupirent après une nationalité perdue; tous gémissent sous un joug de fer.

[1] Il résulte d'un mémoire rédigé par un comité de l'académie de Pétersbourg que les habitans de l'empire russe forment au moins quatre-vingts tribus distinctes, dont l'origine, les mœurs, le langage sont absolument différens. (*Revue Britannique*).

Si, en 1812, après avoir doté les Polonais d'une organisation nationale, et leur avoir donné un roi de leur choix, Napoléon eût hiverné chez cette brave nation, peut-être la Russie n'épouvanterait plus le monde; le colosse craquait déjà de toute part [1]. Qui peut apprécier les résultats d'une politique habile substituée à la marche si désastreuse sur Moscow et au déplorable séjour que nous y avons fait? O Rostopchin! ta patrie te doit des autels! mais la civilisation.....?

Sachons allier l'habileté à l'énergie, et la Russie ne manquera pas d'occupation chez elle. L'autocratie pèse à l'aristocratie, qui elle-même écrase des masses commençant à soupirer après un meilleur ordre de choses.

Le séjour des armées russes en France en 1814 et 1815 a porté en Russie le germe d'idées nouvelles, le désir d'une amélioration sociale, qui chaque année se manifeste par des conspirations

[1] Ce vaste empire a deux côtés faibles dont un ennemi habile pourrait facilement profiter: le premier, c'est sa population esclave, qui commence à se lasser de l'être; et le second sa population musulmane....... Les paysans russes sortent de plus en plus de leur apathie et sont agités par des idées nouvelles, contraires au maintien de l'ordre de choses actuel......

... En 1812, un grand nombre de serfs de la Lithuanie égorgèrent leurs maîtres..... les peuplades tatares de cette province fournirent un beau régiment aux Français..... les Tatars de la Crimée, du gouvernement de Casan, d'Astracan, etc., ne supportent pas avec moins d'impatience que les Polonais la domination russe... . Les dispositions des Tatars sont toujours les mêmes, et l'irritation des serfs s'est encore accrue. (*Revue Britannique*).

étouffées jusque aujourd'hui, mais sans cesse renaissantes (1).

Quant à ses immenses armées, ses finances ne lui permettent pas de les entretenir long-temps au dehors. Privée de subsides étrangers, elle serait peu à craindre au loin. Sa dernière guerre contre la Turquie, la résistance des nobles polonais refoulés par la Prusse et l'Autriche, abandonnés par tous, vendus par la trahison, la guerre soutenue depuis plusieurs années par une poignée de Circassiens, donnent la mesure du peu de puissance réelle de la Russie.

C'est chez elle-même qu'elle doit être attaquée, non par des armées (son climat, son sol, ses innombrables soldats seraient des obstacles insurmontables), mais par les idées et par des semences de division habilement jetées parmi ses peuplades misérables et mécontentes, par des secours donnés à celles qui tentent de secouer le joug, et en offrant un noble asile à tous ceux qui fuient sa tyrannie.

L'Autriche serait-elle puissamment fortifiée d'un côté par la Galicie, de l'autre par la Lombardie? A-t-elle beaucoup à compter sur Venise, l'Illyrie, la Croatie, etc.? Offrons à chacun de ces

(1) « Lorsque les barbares du nord ont été conduits à Paris, ils » ont bu dans la coupe de la liberté constitutionnelle; ils ont entendu les mots *liberté*, *égalité!* mots si doux à l'esprit et au cœur » de l'homme. La liberté leur est apparue avec tous ses bienfaits; » ils voudront en jouir : ils l'obtiendront..... » (MONTGAILLARD.)

peuples un drapeau national et notre appui, ils se lèveront à notre voix, s'ils ont confiance en notre force, et sont convaincus que nous voulons *les affranchir et non les subjuguer.*

Le duché de Posen, les Provinces Rhénanes, la Saxe envahie par la Prusse, seront pour ce royaume des embarras puissans le jour où nous voudrons leur faire un appel.

C'est vers la France que les peuples opprimés tournent leurs regards, tendent leurs mains suppliantes. Les masses sont pour nous; leur instinct les avertit que la France abaissée, leurs chaînes seront plus lourdes; que la France seule peut les aider à les rompre. Mais que peuvent les peuples réprimés par les baïonnettes, divisés par les gouvernans, sans organisation, privés de centre d'union?

Montrons-nous forts et énergiques, et, dans l'occasion, les auxiliaires ne nous manqueront pas; mais pour être forts, il faut être unis; c'est sur nos dissensions, qu'il fomente activement, que l'étranger compte le plus.

Français, au nom du salut commun, faisons trêve à nos querelles! Libéraux, légitimistes, républicains, nous sommes tous, nous voulons tous être Français : repoussons donc d'un effort unanime l'Europe conjurée; nous songerons ensuite à des améliorations nécessaires et que le temps amènera. Mais d'abord, sauvons la patrie dont l'aristocratie européenne a juré la perte.

Oui, ne nous faisons pas illusion, c'est notre abaissement d'abord, puis notre perte, notre partage qu'ils veulent, qu'ils veulent fortement.

L'anéantissement de la démocratie française est nécessaire à l'existence de l'aristocratie anglaise, russe, allemande, etc.

Tous sentent que notre existence entraîne leur perte ; mais en vain ils se débattent, la révolution française fera le tour du monde ; la France fût-elle effacée, comme ils l'espèrent follement, du rang des nations, les idées de liberté, d'égalité, de tolérance, d'améliorations sociales en tout genre, dont elle est le foyer, dont elle s'est faite l'apôtre, ont pénétré les masses, ont échauffé tous les cœurs généreux ; elles ne périront pas, elles se répandront de plus en plus, elles fructifieront ! 1789 (1) et 1830 ont porté un coup mortel à l'oppression, à l'abrutissement des hommes (2).

Oui, par un concert unanime, les peuples se lèveront aux cris si doux de liberté, briseront leurs fers et forceront leurs maîtres à courber le front sous le niveau de l'égalité. Oui, il brillera ce jour fortuné ; mais, pour hâter son arrivée, le monde a besoin que la France libre et forte continue son

(1) « C'est le plus grand pas fait pour l'affranchissement *total* du » genre humain, » disait Fox, parlant de la révolution française.

(2) « La révolution française est maîtresse du monde................. » elle est indestructible dans sa nature et ses principes ; elle est invincible dans ses attaques, dans ses effets ; car on ne tue pas les » idées. » (MONTGAILLARD.)

saint apostolat, et puisse tendre aux peuples courbés vers la terre une main-puissante qui les aide à se relever.

Les peuples le sentent; ceux qui les exploitent le savent aussi; de là leur haine profonde.

Si la France succombait, à qui en définitive profiterait sa ruine? A la barbarie débordant sur l'Europe à la suite des Russes.

Que peut l'Europe privée de la France, de la France grande et forte, pour s'opposer aux envahissemens de la Russie?

La Suède, depuis Charles XII, ne peut plus rien pour elle-même. Humble satellite de la Russie, elle n'a plus d'existence qui lui soit propre. Les braves Suédois, ces nobles Français du nord, frémissant de haine au nom russe, gémissant de leur nullité actuelle, ont en vain placé leur couronne sur le front d'un vieux soldat de la république, d'un fils de la France. Mais, hélas! oubliant son origine, traîné à la suite des Cosaques, c'est contre sa mère qu'il a tiré l'épée dont elle lui avait appris jadis à faire un plus noble usage.

La Prusse est inféodée au colosse; c'est de Pétersbourg seul que son roi attend des ordres qu'il exécute servilement. Son armée n'est que l'avant-garde de celle de l'autocrate.

L'Autriche espérerait-elle arrêter le débordement de la Russie qui la presse au nord par les provinces polonaises; qui, déjà maîtresse des bouches du Danube, l'enserre à l'est par la Moldavie et la Valachie, et au sud par la Servie (provinces déjà bien plus russes que turques), et par là tend sa main puissante sur l'Esclavonie, la Croatie, l'Illyrie?

Que sera-ce quand, bientôt maîtres de la Turquie, les Russes feront aux Slaves un appel déjà attendu par des peuples ayant une même origine, une même religion, des mœurs, un langage analogues et nul intérêt opposé?

Sans doute, lors du partage de l'empire turc, quelques provinces échoiront à l'Autriche; mais au moment de la lutte contre la Russie, elles seront pour leur nouvelle dominatrice un embarras et non un moyen de résistance.

Diviser pour dominer est la maxime suivie par la Russie avec constance et succès depuis Pierre le Grand. Croit-on qu'après avoir armé la Prusse contre l'Autriche, lui avoir livré la Bohême, elle ne s'adressera pas à la Hongrie? ne lui promettra pas, sous sa protection, un roi de son choix, et une fallacieuse indépendance?

Que fera l'Autriche attaquée du nord au midi, et travaillée de troubles intestins si faciles alors à allumer chez elle? Que fera-t-elle? Rien; elle expiera par sa chute les crimes commis contre la nationalité de tous ses voisins. La Pologne et l'Italie verront enfin luire le jour de la vengeance.

Est-ce donc l'Angleterre qui pourra refouler les barbares? Non; elle n'a ni le cœur assez pur ni le bras assez fort pour cette noble mission.

L'intérêt mercantile, voilà le but où tendent toutes ses vues ; elle veut dominer le monde pour en dominer tous les marchés ; elle jalouse, elle hait toute nation dont l'industrie peut rivaliser avec la sienne. Toute prospérité industrielle, manufacturière, commerciale, lui porte ombrage. Elle aime les peuples barbares, parce que, ne produisant pas, ils consomment ses objets manufacturés, et lui livrent à vil prix leurs matières premières.

La guerre entre les nations civilisées lui convient, parce qu'elle arrête leurs progrès et ruine leur industrie.

Elle s'arrangerait très-bien d'un partage avec les Russes, si elle ne craignait pas qu'ils s'emparassent de l'Inde, source principale de ses richesses. Elle redoute leur tendance vers l'Asie et la Méditerranée ; mais tous ses efforts seront vains. La Russie avance continuellement, et jamais elle n'a fait un pas rétrograde depuis le grand homme qui l'a placée au rang des nations de l'Europe.

Au jour de la conflagration, qu'opposera-t-elle à la Russie ? Ses flottes ? Mais son ennemie, si riche en matières premières et en hommes, maîtresse de la mer Noire et de la Baltique, commence à devenir puissance maritime. Que sera-ce quand bientôt elle dominera à Constantinople ?

D'ailleurs, la Russie qui, dès à présent, tend à s'ouvrir un chemin vers l'Inde, ira, sans que l'Angleterre puisse long temps s'y opposer, y ruiner la puissance et le commerce de son ennemie, et détourner à son profit cette source inépuisable de richesses.

Où sera alors la force de l'Angleterre, privée d'or pour soudoyer les nations qu'elle a tant de fois ruées en vain contre la France; n'ayant qu'une faible population nationale, et ne trouvant pas d'alliés qui osent se livrer à sa foi punique?

Ira-t-elle chercher des secours dans le nord? Copenhague, bombardée en pleine paix, fume encore; la Hollande lui redemande ses vaisseaux, son commerce, ses richesses anéantis, ses colonies reçues en dépôt et non rendues.

Au midi, de quel secours lui seront l'Espagne, le Portugal ruinés humiliés par elle?

A quoi lui serviront alors ses nombreuses colonies? Les unes se sépareront d'elle pour se réunir aux nouveaux états américains, ou pour se déclarer indépendantes; les autres ne seront qu'une charge et un embarras pour la métropole.

Aucune nation de l'Europe (*la France exceptée*) ne peut espérer résister à la Russie; elles le savent. Une confédération constante pourrait seule leur en donner les moyens; mais les petites jalousies d'état à état, habilement fomentées et entretenues par la Russie, les en éloigneront toujours.

Comme la Macédoine divisant la Grèce pour la subjuguer; comme les Romains armant voisins contre voisins pour conquérir le monde, la Russie, grâce à une politique aussi adroite que persévérante, s'insinue dans le cabinet de chaque gouvernement, corrompt les ministres, sème la défiance entre gouvernans et gouvernés, comme aussi d'état à état. Elle les affaiblit l'un par l'autre et se rend ainsi l'arbitre de l'Europe, en attendant qu'elle en soit l'unique dominatrice.

Comment donc, en présence d'une telle position, connue de tous depuis long-temps, les gouvernemens de l'Europe ont-ils unanimement juré la perte de la France, au lieu de se grouper autour d'elle pour parer au danger commun?

C'est qu'ils craignent plus encore l'affranchissement des peuples que la suzeraineté d'un prince étranger, au nom duquel ils continueront à pressurer les masses.

Qu'importe à l'aristocratie le nom du souverain? que lui importe la nationalité? Ce qu'elle veut, ce sont des titres, la richesse et le pouvoir, dont elle jouira aussi bien sous un maître que sous l'autre.

Mais que les hommes, plus éclairés, revendiquant les droits imprescriptibles qu'ils tiennent de la nature et de la raison, s'unissent pour briser leurs chaînes, que deviennent leurs oppresseurs?

Périssent s'il le faut, disent-ils, les nationalités; mais périsse auparavant le foyer du libéralisme! Allons à Paris éteindre dans des flots de sang le flambeau qui doit éclairer le monde et allumer l'incendie qui consumera nos titres, les jougs dont nous écrasons les peuples, les bandeaux qui les aveuglent et les verges qui les régissent!

Tel est le cri de ralliement de tous les oppresseurs de l'Europe.

Allons à Paris, dites-vous! mais vous oubliez donc que pour qu'un étranger en armes pût jamais s'y montrer, il n'aurait pas suffi que nos armées eussent été englouties sous les neiges; que tous les souverains eussent fait marcher leurs peuples aux fallacieuses promesses de liberté; leur eussent promis nos dépouilles? Non, l'Europe aurait échoué si la France elle-même n'eût pas été éloignée de son chef, à la vue de ses libertés successivement ravies; de son sang, de son or prodigués pour payer les couronnes pleuvant sur les têtes de ses parens, de ses affidés (1); si elle n'eût été indignée de voir ses soldats heureux couverts des hochets de la vieille aristocratie; et si elle n'avait pas été trahie de tous côtés, et trop confiante aux trompeuses paroles des rois.

Ce n'était pas à la France que vous faisiez la guerre, disiez-vous; sa grandeur, sa puissance, sa richesse, étaient nécessaires à l'Europe; vous n'en vouliez qu'à l'ambition d'un homme (2).

Et une foule de Français trop crédules ont laissé tomber leurs armes!

(1) Ah! pourquoi Napoléon, premier consul, Napoléon le plus grand des capitaines, *ce génie rival de la nature*, aussi grand dans l'administration, et par les créations utiles et les arts de la paix, que par la guerre, n'a-t-il pas eu la noble ambition de rester le plus grand citoyen de la France! A quelle prospérité la patrie n'eût-elle pu prétendre! Quels pas incalculables aurait fait la civilisation!

(2) Voir tous les manifestes et toutes les proclamations d'alors.

Non, vos soldats n'ont point réduit la France ; mais les fautes de son gouvernement, la trahison d'une foule de ses chefs et sa sotte crédulité !

Venir à Paris ! que d'armées vous laisseriez sur la route avant que vos derniers soldats pussent venir chercher leurs tombeaux au pied de ses remparts, qu'une tardive, mais sage et patriotique prévoyance, élève enfin pour votre désespoir ; de ses remparts, qui sont ceux de la civilisation entière ; qui vaudront à la France plusieurs armées nouvelles ; de ses remparts, que sa population seule défendrait avec succès contre toutes vos armées (1) !

Mais ce n'est pas assez de pouvoir résister victorieusement à l'Europe ; faisons mourir en elle jusqu'à la pensée d'oser jamais nous attaquer chez nous.

Malheureusement, en France, nous ne savons guère prévoir de loin, nous préparer à l'avance.

Au moment du danger, comme en 1809, quand Bernadotte, pour secourir Flessing et Anvers, lève à la hâte la garde nationale de la Belgique, fait partir en poste celles improvisées de nos départemens du nord et du nord-est ; comme en 1814 et 1815, on improvise des ateliers d'armes, des levées de recrues, de gardes nationaux, de corps francs, etc. Rien n'est prêt ; tout se fait à la hâte, tout se fait

(1) Le langage des journaux étrangers, celui des journaux français inspirés, payés par nos ennemis, suffit pour convaincre ceux que les meilleures raisons n'ont pu persuader de la haute utilité de cette grande mesure de salut national.

mal; tout arrive trop tard; tout est insuffisant. Les hommes, sans aucune instruction militaire, sont rassemblés précipitamment, au hasard. L'un ne sait pas commander, l'autre ne sait pas obéir : aucun ne se connaît. Le soldat ne peut avoir confiance en son chef, le chef en ses soldats. De grandes dépenses sont faites, et mal faites; de grandes perturbations sont jetées dans l'État et dans les familles, et le plus souvent en pure perte, parce qu'en temps de paix on n'a rien préparé, rien prévu.

Organisons-nous pendant la paix; nous le ferons bien, parce que nous le ferons avec calme. Faisons-le d'une manière permanente et forte : l'Europe nous menace et conspirera long-temps notre perte.

Mais que cette organisation soit telle, qu'en assurant à jamais notre nationalité, elle ne fasse pas sans cesse trembler nos voisins pour la leur et ne puisse être inquiétante pour nos propres libertés; qu'un chef de l'armée ne puisse s'en faire un instrument de conquêtes et de despotisme, et que le sort du soldat soit amélioré.

Loin de moi la vaniteuse pensée de présenter ici un plan de défense nationale; c'est aux hommes d'État, aux hommes spéciaux, qu'il appartient de le dresser. Dans le coup d'œil rapide que je vais jeter sur notre système défensif, puissent-ils seulement rencontrer quelques vues utiles!

## ORGANISATION MILITAIRE.

Tout Français est soldat né pour la défense, la sûreté, l'indépendance de la patrie. Tous doivent y concourir; mais tous ne le doivent pas faire de la même manière.

Ainsi, la masse de la population doit être armée et organisée, mais pour la défense du sol et de la famille seulement, et le maintien de l'ordre public; tandis qu'une portion des citoyens, et *la plus restreinte possible,* doit former l'armée permanente et soldée, prête, au nom de la patrie, non seulement à défendre les frontières, mais à porter la guerre partout où l'exigent les intérêts bien entendus de la nation.

De là deux grandes divisions :

1° LA GARDE NATIONALE ;

2° L'ARMÉE.

## GARDE NATIONALE [1].

La garde nationale est la nation armée pour faire respecter son indépendance et sa liberté par quelque espèce d'ennemi que ce puisse être. Que l'étranger se montre sur quelque point que ce soit du territoire, sur tous les points à la fois, la garde nationale aidée de la ligne, c'est-à-dire une population virile de plus de huit millions de citoyens, armés, organisés, lui présente à l'instant et partout en même temps un rempart de fer inexpugnable.

Que la tyrannie en veuille à nos libertés, et la garde nationale la met en poudre, à la voix des magistrats; ou plutôt la garde nationale fortement organisée, jamais ennemi extérieur ou intérieur n'osera attaquer notre indépendance ni notre souveraineté.

Montesquieu ne connaissait pas ce puissant contre-poids quand il disait : « La France périra par les soldats. »

Si nos pères aussi, ces nobles fondateurs de la

(1) Comment parler liberté, garde nationale, sans que la reconnaissance, la mémoire du cœur, leur allie aussitôt le nom de Lafayette, le plus beau caractère des temps anciens et modernes, le citoyen le plus pur dont la France puisse s'honorer; celui à qui le monde n'aurait personne à opposer si l'Amérique n'avait pas possédé Washington, son digne ami ?

liberté, avaient mieux apprécié un tel palladium, nous n'aurions pas connu le gouvernement du sabre. Notre gloire militaire, moins excentrique, moins éclatante, n'aurait pas autant ébloui le monde; mais nous aurions conservé de précieuses conquêtes. La Belgique, les provinces Rhénanes, la Savoie, nous seraient à jamais restées; nous n'aurions pas subi les désastres de deux invasions, l'humiliation des traités de 1814 et 1815, le gouvernement rétrograde de la restauration; la souveraineté nationale n'aurait pas été si long-temps compromise.

Les rois de l'Europe n'auraient pu, au nom de la liberté promise à leurs peuples, au nom des nationalités menacées, lancer contre nous les populations entières.

Des conquêtes de l'empire, que nous est-il resté?... de la gloire, la conscience de nos forces; mais la perte de nos frontières naturelles!

Qu'avions-nous besoin de conquêtes?

Quand une nation a atteint un développement suffisant en territoire et en population, qu'elle est favorisée par un climat heureux et la fertilité de son sol, qu'elle a obtenu des frontières stables et fortes (comme les avait alors la France), une telle nation ne peut être poussée au désir des conquêtes que par un esprit de vertige; elle est l'effroi et l'aversion de ses voisins; elle compromet son bonheur, sa stabilité, au profit d'ambitieux qui finissent par l'asservir.

Une extension démesurée est-elle pour un état un gage de force et de durée?

Sans remonter à l'histoire ancienne ou aux régions éloignées, que sont devenus les empires des Charlemagne, des Charles-Quint, des Napoléon? Quelle a été leur durée?

Et le peuple, dans quel état se trouve-il pendant que la gloire de son chef et de ses armées répand la terreur et la désolation chez ses voisins? Le peuple!... Fénelon nous trace le tableau de la misère épouvantable de la France pendant le règne du grand roi [1]. Et souvenons-nous des nombreuses veuves, des orphelins, des filles sans époux peuplant la France il y a un quart de siècle! Qu'étaient devenues les richesses, le commerce, l'industrie, l'agriculture?

Je voudrais que le premier article de la constitution proclamât que la France s'interdit à jamais (*ses frontières recouvrées*) toute extension de territoire, soit par la voie des armes, soit de toute autre manière; mais qu'elle s'en interdît aussi toute cession; qu'il déclarât que ni paix ni trève ne peut être consentie tant que l'ennemi foule le sol de la patrie. En pareil cas, vaincre ou

[1] « La France ne vit plus que par miracle; c'est une vieille ma- » chine délabrée qui va encore par l'ancien branle qu'on lui a » donné, et qui achèvera de se briser au premier choc.................. » On ne peut plus faire le service qu'en escroquant de tous les côtés; » c'est une vie de Bohèmes.......... On est souvent contraint d'aban- » donner les travaux les plus nécessaires dès qu'il faut une avance » de deux cents pistoles, etc. » FÉNELON.

cesser d'exister doit être sa devise; et toujours elle vaincra. Elle aura pour elle sa force, la justice de sa cause, la sympathie, l'intérêt de ses voisins, qui, n'ayant pas à craindre son ambition, la regarderont comme la sauve-garde de leur liberté, et, au besoin, s'uniront à elle pour repousser l'agresseur.

Soyons forts chez nous, sans inquiéter nos voisins.

Or, si une forte garde nationale nous assure à jamais contre toute invasion, elle doit rassurer de même nous et nos voisins contre l'esprit d'usurpation et de conquête de nos chefs : c'est la nation intelligente et armée.

Bernadotte a été à jamais disgracié pour avoir fait marcher au secours d'Anvers des gardes nationales aussitôt dissoutes et jamais reformées; Napoléon a succombé par son refus constant d'armer la nation. Paris ne comptait pas douze mille gardes nationaux lors de l'occupation, et ce petit nombre a prouvé ce qu'aurait pu sa population.

Dans l'heureuse impuissance de faire des conquêtes, la garde nationale ne doit pas inquiéter nos voisins; au contraire, elle nous permettra de restreindre beaucoup l'armée. Elle est conservatrice; à ce beau rôle se borne son action, son pouvoir. Toute-puissante pour repousser l'agression, elle est impuissante pour la porter au dehors.

L'armée est l'épée; la garde nationale est le bouclier de la France. (Général FOY.)

Pour remplir complètement le but de son institution, la garde nationale (telle que je la conçois, la population armée) doit être divisée en plusieurs classes, eu égard aux diverses positions résultant de l'âge, des habitudes et de l'état de célibataires ou de pères de famille.

Je propose donc de la diviser en huit catégories :

1° PUPILLES.

2° CORPS FRANCS, PARTISANS.

3° FOUDRE [1].

4° MARINIERS-PONTONNIERS.

5° OFFIERS DU TRAIN.

6° GARDE NATIONALE MOBILE.

7° GARDE NATIONALE SÉDENTAIRE.

8° VÉTÉRANS.

## 1° PUPILLES.

Classe composée de tous les jeunes gens de quinze à dix-huit ans, *exempts de tout service en temps de guerre comme en temps de paix*, exercés seulement quelques heures par semaine à la marche et au maniement des armes.

Ces jeunes gens, au moment du tirage à la conscription, n'arrivant pas à leurs corps dénués de toute instruction, le temps de service pourra être abrégé de tout celui nécessaire aujourd'hui pour

[1] Corps mixte formant le chaînon qui lie la garde nationale et l'armée, dont il est la réserve immédiate et qu'il alimente au mo yen de la conscription.

former les recrues; cette école nous prépare d'ailleurs une forte milice, une garde nationale imposante.

Dans chaque commune, des invalides, de vieux militaires consacreraient volontiers, moyennant une rétribution bien minime, une petite partie de leur temps à former ces jeunes gens; et tout établissement d'instruction devrait être tenu d'exercer de même ses élèves. Ces exercices fortifieraient leur santé, développeraient leurs forces, sans nuire à leurs études : *Mens sana in corpore sano.*

Travaillons à peupler la France de générations vigoureuses, hardies et exercées aux évolutions et au maniement des armes.

On craint que l'esprit militaire de nos jeunes gens ne se réveille! Craint-on moins que l'étranger ne vienne *balayer* (1) nos moyens de défense?

Prenons-y garde; tandis qu'en France tout exercice militaire est proscrit de nos maisons d'éducation et éloigné de toute notre jeunesse, les étrangers y forment avec soin leurs jeunes gens.

Pour ne parler que de la Russie, l'art militaire fait partie de l'éducation des hautes classes, et, outre les écoles spéciales, dans les colonies militaires, l'enfant, dès l'âge de huit ans, est astreint à la discipline la plus rigoureuse. On lui fait apprendre une espèce de catéchisme sur les devoirs du soldat; on l'instruit au maniement des armes,

(1) Expression empruntée à l'urbanité de nos voisins.

aux exercices du manége, etc. A treize ans, on forme ces enfans en corps, et ceux qui se distinguent par leur adresse et leur intelligence sont promus au grade d'officier.

Et qu'on ne pense pas que ces colonies aient peu de développement : « Suivant les calculs les moins » exagérés, elles fourniront à la Russie quinze cent » mille, ou, suivant le comte Ozarowsky, six mil» lions de combattans, d'ici à trente ans. (*Revue* » *Britannique.*) »

## 2° PARTISANS, CORPS FRANCS.

La guerre d'invasion, d'extermination, que complote l'Europe, est sans cesse imminente, elle éclatera partout à la fois. Le même jour verra se lever simultanément tous les étendards, verra la même mèche mettre le feu à tous les canons ennemis, toutes nos frontières insultées, toutes nos armées attaquées au même instant.

Plus de guerre particulière. Instruite, disciplinée par cinquante ans de défaites, l'Europe ruera contre nous toutes ses armées ébranlées par un même intérêt, une même volonté, mues comme par un ressort unique.

Malgré de funestes expériences, nous semblons n'avoir jamais craint sérieusement une guerre d'invasion : nous ne nous y sommes jamais préparés ; mais le moment est arrivé, il y a urgence.

Seuls contre tous, attaqués sur tous les points à la fois, l'ennemi peut faire quelque trouée.

Or, qu'il pénètre sur le sol de la patrie; l'armée, la garde nationale ne peuvent avoir d'auxiliaires plus puissans que ces corps insaisissables, se dissolvant, se réunissant au premier coup de sifflet; interceptant les convois de vivres, d'argent, d'équipement; détruisant fourrageurs et maraudeurs; affamant l'armée; enlevant dépêches, hommes isolés, espions; éclairant nos généraux sur les positions, les forces, les mouvemens de l'ennemi; se trouvant partout et nulle part; profitant de tous les accidens de terrain, occupant montagnes, bois, défilés; rassurant, animant les populations et démoralisant l'armée ennemie (1).

La Grèce a gémi trois cents ans sous l'esclavage

(1) « Il est certain que quelque nombreuses, quelque formidables » que puissent être des armées envahissantes, leur perte sera toujours » infaillible si, au lieu de leur opposer des corps d'armée et de li- » vrer des batailles, on divisait les forces nationales en une infinité » de petits corps, voltigeant, se réunissant, se divisant avec rapidité » pour attaquer sans cesse l'ennemi sur tous les points, de jour et » de nuit, lui enlevant à tout instant les vivres, les munitions, les » ordonnances, les estafettes, et s'occupant sans relâche à harceler, » à détruire en détail les corps ennemis; il n'y a pas de doute qu'a- » vec la force morale et héroïque que donne la défense de ses propres » foyers, et cette tactique qui multiplie les attaques et en rend » les moyens presque invisibles, de tels corps ne soient capables d'a- » mener la destruction des armées les plus fortes : elle serait d'autant » plus sûre et plus rapide que les armées ennemies se présenteraient » en plus grand nombre, parce qu'à l'aide de mille évolutions que les » défenseurs dirigeraient de toute part avec intelligence, elles » pourraient, en moins de six mois, se trouver réduites à manquer » de tout et à poser les armes. » (Rauch.)

des Turcs. Les Klephtes seuls ont conservé leur liberté. Pendant trois cents ans, ils ont bravé, tourmenté les oppresseurs de leur patrie, et au jour de la délivrance, si constamment, si vaillamment espérée, attendue par eux, ils ont porté les coups les plus prompts, les plus sûrs, formé le noyau des braves turcophages.

Honneur, mille fois honneur à ces hommes énergiques qui, pendant trois siècles, ont combattu les tyrans de leurs concitoyens, conservé leur propre liberté et préparé l'affranchissement national!

Nos vieux soldats se souviennent encore des maux cruels et incessans que leur ont fait éprouver les Calabrais.

Ne déplorons-nous pas toujours la perte de nos plus belles armées détruites en détail par les guérillas espagnoles?

Quelle résistance nous ont opposée leurs armées régulières?.....

Que seraient devenus Wellington et ses soldats sans ces terribles partisans?

Imitons d'eux ce puissant moyen de sauver la patrie, comme les Romains, qui empruntaient sur-le-champ à leurs ennemis les armes dont ils venaient d'éprouver la supériorité.

Mais qu'est-il besoin de recourir à l'exemple des Klephtes ou de nos ennemis?

Les étrangers se souviennent aussi des leurs détruits en détail dans nos départemens de l'est et du nord-est en 1814 et 1815.

« Lors de la seconde invasion en 1815 [1], une » poignée de Français, partie à cheval, partie à » pied, qui ne s'est jamais élevée dans son ensem- » ble *à trois cents hommes*, s'était embusquée dans » les bois qui règnent le long des Vosges. Cette petite » troupe, voltigeant partout, invisible quand ils le » voulaient, se montrant comme un éclair sur tous les » points où on ne la supposait pas, était parvenue, en » se multipliant ainsi, à harceler, à fatiguer à un tel » point la marche des différens corps d'armée, qu'on » se décida à détacher *vingt-sept régimens* pour la » cerner et la détruire. Mais comme ni l'artille- » rie ni la cavalerie ne pouvaient pénétrer dans les » bois, et encore moins gravir les rochers des mon- » tagnes, qu'une infanterie pesamment armée avait » une marche lourde, et risquait de manquer de » vivres dans le désert des bois, où elle se trou- » vait d'ailleurs toujours attaquée d'une manière » invisible, on ne put jamais parvenir à atteindre » ce but.

» Enfin cette petite troupe, aidée, alimentée et » éclairée par les habitans du pays, prit un carac- » tère tellement formidable, qu'on la supposa for- » mer un corps de *dix à douze mille hommes*, et on » traita de la paix avec les chefs, que l'on réunit » à Sarrebourg. Après la signature du traité, les » officiers généraux étrangers désirèrent voir le » corps qui était l'objet de cette singulière conclu-

(1) Rauch, déjà cité.

» sion, et qui avait si sérieusement inquiété les » passages des troupes, des estafettes, etc.; mais » ils furent frappés de surprise et d'étonnement en » ne voyant qu'environ *cent quatre-vingts hommes*, » armés, comme d'autres Robinsons, de toutes » pièces, et une vingtaine d'officiers qui les com- » mandaient.... Cette affaire fit une telle impres- » sion, qu'on réunit une deuxième fois les officiers » à Sarrebourg pour leur offrir des grades supé- » rieurs dans d'autres pays; mais ils préférèrent à » cette offre, qui était un hommage rendu à leur » bravoure, le bonheur de servir leur prince et » leur pays. »

Et nous aurions à enregistrer plusieurs faits aussi beaux, aussi glorieux!

Pourquoi ont-ils été sans résultats? pourquoi se sont-ils passés presque inaperçus? C'est qu'ils ont été isolés. Aucun ordre, aucun ensemble n'a dirigé le zèle des citoyens; aucun point de ralliement indiqué, aucun chef désigné.

« Des feux que ne réunit pas un foyer concen- » trique ne distribuent, dans leurs rayons diver- » gens, qu'une chaleur sans intensité (MONTGAILLARD.)

En Espagne, en Calabre, le premier moine ou curé rassemblait quelques hommes, se mettait à leur tête, correspondait avec les chefs voisins, et le pays se couvrait de bandes armées. Des hommes plus habiles et plus puissans venaient diriger les mouvemens de ces petites bandes, et ces efforts, individuels d'abord, mais bientôt coordonnés, ont eu pour résultat le désespoir, la perte, les armées les plus braves.

En France, le levier du fanatisme n'existe pas ; mais l'amour de l'indépendance, l'amour de la patrie, l'orgueil national, dois-je ajouter la haine profonde que l'étranger a laissée dans tous nos départemens souillés de sa présence?

Est-il une famille qui ne frémisse de rage en songeant aux maux qu'elle a endurés, aux profondes humiliations auxquelles elle a été en butte; aux femmes, aux filles brutalement déshonorées ; aux hommes assassinés isolément ; aux enfans inhumainement maltraités ; aux troupeaux égorgés; aux arbres fruitiers coupés ; aux moissons détruites ; aux maisons ravagées ou brûlées ; à l'insolente morgue de ces vainqueurs d'un jour, se soûlant de rapines, de sang, de vin, de vengeance, et voulant en quelques instans nous rendre avec usure les maux que trente ans de défaites leur avaient à peine fait connaître ?

Départemens qui n'avez jamais vu la fumée d'un camp étranger, qui ignorez ce que c'est que de voir l'ennemi assis à vos foyers, tremblez de les y voir jamais ! Armez-vous, courez au premier danger secourir vos frères, qui vous font rempart. Craignez, s'ils succombent, d'avoir bientôt à souffrir les maux qu'ils ont endurés ! Qu'à l'amour de la patrie, si chère à vos cœurs, se joigne l'image des dangers, des profondes humiliations que l'étranger traîne à sa suite et dont il vous menace!

Pour que des corps de partisans puissent rendre tous les services que la patrie doit en attendre, c'est avant la guerre qu'il convient de les organiser fortement et sur une grande échelle. Ils ne peuvent jaillir spontanément chez nous, comme en Espagne, en Calabre, à la voix des prêtres : la prévoyance des gouvernemens doit donc suppléer au levier qui nous manque.

Il est d'ailleurs indispensable que soldats et officiers se connaissent, puissent compter les uns sur les autres, étudient les localités, et apprennent ce genre de guerre qui demande tant de sagacité, de connaissance des lieux et des hommes, qui veut tour à tour patience, temporisation et impétuosité, qui allie adresse, ruse, prudence et témérité.

Organisation.—Sur tous les points de la France, il existe un grand nombre de jeunes gens amateurs de la chasse, adroits à se servir du fusil, connaissant bien les localités, habitués à braver l'intempérie des saisons, endurcis à la fatigue, méprisant le danger, amoureux de la gloire, jaloux de l'honneur national. Qu'un appel soit fait à leur patriotisme; beaucoup y répondront avec joie et contracteront volontairement un engagement temporaire.

Que dans chaque département un corps de partisans en nombre indéterminé, divisé par arrondissement, soit formé de ces braves et vigoureux chasseurs. Que, libres dans leurs foyers, comme la garde nationale dont ils font partie, dont ils sont les éclaireurs, ils ne servent activement que dans le cas d'invasion [1].

En temps de paix, que la loi leur accorde la faculté, sous la surveillance de qui de droit, de combattre dans nos forêts nationales et particulières les animaux nuisibles qui désolent nos campagnes.

Qu'aux jours de fête ils en soient l'ornement, viennent y discuter des prix institués par les départemens ou les communes. Que les vainqueurs dans ces jeux viennent à Paris briguer une honorable palme offerte par l'État ; réunissant ainsi les utiles attributions de nos inutiles louvetiers aux jeux nobles et militaires des anciens chevaliers de l'arquebuse.

Des plaisirs, des exercices communs, où les corps des divers départemens pourront s'inviter réciproquement ; les défis pour disputer les couronnes, établiront pendant la paix, entre ces corps, un esprit d'association, une fraternité que les événemens de

[1] Objecterait-on que quelques-uns de nos départemens sont peu propres à la guerre de partisans, qu'ainsi il est inutile d'y former des corps francs ?

Est-il beaucoup de départemens entièrement privés de bois, montagnes, accidens quelconques de terrain? Est-il un lieu où des hommes de cœur ne puissent défendre leurs foyers ?

D'ailleurs, que les corps francs formés en pays plat aillent renforcer leurs frères des départemens boisés et montagneux ; n'est-ce pas défendre sa famille que refouler l'ennemi loin d'elle ?

Malheur à qui ne voudrait combattre qu'en vue de son clocher !

la guerre, une gloire commune, des dangers communs viendront encore resserrer, et qui sera si précieux alors.

Viennent quelques-uns de ces corps au secours des départemens menacés ; ces jeunes gens, tous amis, se fondent ; ceux du département s'empressent de recevoir chez eux et dans leurs rangs leurs amis étrangers au département, ils sont les hôtes et les guides de leurs auxiliaires.

Qu'ils soient organisés militairement, commandés par des officiers d'élite, soumis à quelques exercices, et qu'en temps de guerre ils forment le noyau et le cadre des corps francs prêts à se porter partout où l'ennemi menacerait de se montrer.

Que chacun d'eux ait le rang d'officier de la garde nationale ; soldats dans leurs corps, ils doivent pouvoir commander les hommes qui leur seront adjoints et dont nous parlerons plus bas.

Organisés, instruits à l'avance et dirigés constamment par des officiers habiles, nul corps de partisans ne leur serait bientôt comparable.

Comme le nom de héros ayant combattu pour la liberté pendant des siècles, sans avoir jamais été soumis, est le plus honorable possible, c'est celui de *Klephtes* que je propose pour ce nouveau corps.

S'il convient que ces braves se connaissent, puissent compter l'un sur l'autre, il faut aussi que l'administration ne puisse voir en eux une cause éloignée d'inquiétude; aussi l'admission ou le renvoi doivent-ils être le résultat du concours simultané et du corps et de l'administration, l'une ou l'autre proposant, l'autre admettant ou rejetant. L'administration conservant toujours le droit de dissolution, et elle, ainsi que le corps, celui d'élimination dans les cas prévus : comme toute atteinte à l'honneur, toute participation à des complots, toute affiliation à des sociétés proscrites par les lois, une opposition déclarée à l'esprit de notre constitution.

Qu'ils soient les défenseurs de la patrie, et ne puissent former un foyer d'intrigues.

Nous avons quatre-vingt-six départemens : or, en supposant que, par impossible, il ne se présentât par département, l'un dans l'autre, que cent de ces jeunes gens, voilà huit mille six cents hommes, armés, équipés, organisés, pleins d'honneur, de zèle, de courage, d'instruction spéciale, prêts à se porter sur tout point menacé, et auxquels une foule de vieux militaires viendront dans l'occasion offrir le concours de leur bravoure éprouvée et de leur longue et précieuse expérience.

Cette force ne serait certes pas à dédaiguer. Que sera-ce si elle n'est que l'âme d'une masse bien plus imposante, également armée, exercée et disponible?

Il y a en France quarante mille communes ; toutes ont au moins un et souvent plusieurs gardes champêtres ; voilà plus de quarante mille hommes, presque tous anciens soldats, dont l'État peut disposer en vertu d'une loi (1).

(1) Ils peuvent être accidentellement suppléés dans leurs fonctions de gardes par des messiers.

Qu'ils soient embrigadés par canton, exercés accidentellement, et qu'au jour du danger ils se réunissent à nos jeunes Klephtes.

L'administration des forêts nationales et la liste civile entretiennent un nombre presque aussi considérable de gardes forestiers auxquels la loi pourrait adjoindre les gardes-chasses des particuliers, et organiser ainsi une force de plus de quatre-vingt mille gardes de toute nature, tous armés, presque tous adroits tireurs.

Dira-t-on que la loi imposerait ainsi une charge plus lourde aux gardes de toute espèce qu'aux autres citoyens ; qu'ainsi elle serait injuste?

Nous répondrons que la loi leur reconnaît *un caractère public* en conséquence duquel ils touchent des émolumens, ou de l'État, ou des particuliers. Qu'étant fontionnaires publics, la loi, pour les reconnaître en cette qualité, peut sans injustice leur imposer cette condition ; que ceux qui la trouveraient dure peuvent se retirer. La France est couverte d'anciens militaires, heureux de trouver à se placer en comptant encore parmi les défenseurs éventuels de la patrie.

Qu'à cette force imposante se joignent quelques douaniers qui, rompus aux dangers isolés de nuit comme de jour, armés jusqu'aux dents, habitués aux embuscades et à affronter les fraudeurs, un contre dix, contre vingt, ont, en 1814 et 1815, fait envier leur bravoure aux plus téméraires et leur conduite militaire aux meilleurs officiers.

L'administration des droits réunis s'empresserait aussi, cédant au zèle patriotique de ses nombreux employés, de former, d'une partie d'entre eux, quelques brigades à pied et à cheval, et de se faire honorablement représenter aux lieux du danger, aux jours de la gloire.

Cette opération, conduite avec prudence, n'entraverait pas le service.

D'ailleurs, que quelques délits forestiers, quelques fraudes passent inaperçus, et que la France soit efficacement défendue.

Quelles armées ne seront pas détruites en détail par des partisans semblables, en nombre si considérable, et auxquels viendront s'adjoindre avec joie des volontaires des populations menacées, que l'amour de la patrie, la haine de l'étranger, le goût d'une vie accidentellement aventureuse, l'espoir de partager les prises (1) et les récompenses, y amèneront à l'envi? l'habitant des campagnes aime généralement la guerre des buissons.

Que dans chaque département, chaque arrondissement, on réunisse un comité composé de militaires en retraite, chargé d'étudier le terrain, d'examiner les positions, les ressources en tout genre que présentent les localités pour la guerre de partisans, de

(1) La loi doit proclamer que toute espèce de butin, argent, armes de toute nature, chevaux, munitions, etc., appartient entièrement au corps capteur, et doit se partager équitablement suivant des règles établies par elle.

rédiger des instructions destinées à être remises aux corps francs, à les éclairer.

Que les conseils, que l'appui de ces comités leur soient en tout temps offerts.

Que ces comités correspondent avec ceux des départemens limitrophes pour coordonner les opérations des divers corps francs et imprimer de l'ensemble à leurs mouvemens.

Je le répète, il n'a manqué lors des deux invasions (comme cela manque encore aujourd'hui) que des centres d'union, une organisation prévue à l'avance, pour que les ennemis aient trouvé leur tombeau à tous, en Ardennes, en Champagne, en Alsace, en Lorraine, en Franche-Comté, etc., etc., enfin partout où ils se sont montrés.

Ni la bravoure, ni le patriotisme, ni l'amour de l'indépendance, ni la haine de l'ennemi et le désir de la vengeance ne nous ont manqué, mais des chefs connus, avoués du gouvernement.

Que peuvent des hommes isolés contre des masses? Serrez d'un lien les baguettes individuellement fragiles, et essayez ensuite d'en rompre le faisceau !

Réparons, réparons donc au plus vite cette fatale incurie, et l'Europe n'osera venir nous attaquer, ou pas un de ses soldats ne reverra sa patrie !

## 3° FOUDRE.

Grâce au progrès des lumières, à celui de nos institutions représentatives, et à une expérience bien chèrement payée, nous devons espérer ne plus voir nos générations en masse aller, sur les pas d'un conquérant, heurter au loin les générations étrangères, porter la désolation chez nos voisins et jusque dans les pays éloignés, et allumer contre nous la haine des populations.

Notre rôle est désormais plus noble et plus beau; c'est par notre exemple, par nos écrits, par notre commerce, portés en tous lieux, que nous devons nous montrer la grande nation, la nation civilisatrice.

La France, déjà si haut placée, doit enfin contraindre tous les peuples à la considérer comme le centre, le foyer des lumières en tout genre; comme la capitale du monde.

Loin, bien loin de nous les irruptions dignes des hordes barbares! c'est contre le danger de leur retour que le législateur doit rassurer pleinement et les Français et nos voisins. Dominons le monde, mais par l'ascendant du génie, par le respect et l'amour des nations.

Pour être respecté, il faut être fort : soyons inattaquables chez nous.

A notre belle armée offrons une nombreuse pépinière de jeunes recrues déjà instruites, et en même temps une formidable réserve toute organisée, et à notre garde nationale une avant-garde imposante.

La Foudre, corps mixte, tenant à l'armée comme élément de recrutement et comme réserve, obéissant au ministre de la guerre dès que le pays est menacé, mais faisant partie intégrante de la garde nationale en temps de paix, et ne *pouvant jamais franchir en corps nos frontières.*

Cette milice, comprenant l'universalité des jeunes gens de vingt à vingt-trois ans, toujours enrégimentée, instruite et exercée de temps en temps, alimentant nos régimens au moyen de la conscription, serait sans cesse prête à se porter à *l'intérieur* partout où le besoin l'exigerait.

On ne peut guère compter en France annuellement moins de trois cent mille hommes de l'âge de vingt ans; or, en déduisant les réformes et le contingent de l'armée, voilà encore au moins cent cinquante mille hommes par an, ou *quatre cent cinquante mille* pour les trois ans, toujours disponibles, organisés et prêts à doubler l'armée.

La Foudre (excepté les cohortes d'instruction) resterait dans ses foyers, mais serait enrégimentée, exercée tous les dimanches à la marche et aux évolutions par de vieux sous-officiers, et commandée par des officiers en retraite, démissionnaires, en demi-solde, enfin par tout officier valide qui ne serait pas en état de service actuel. Elle serait, dans chaque département, divisée en cohortes destinées à marcher tour de rôle, suivant leur numéro; la nomination des officiers et sous-officiers appartenant à l'autorité militaire.

Les vingt-trois ans accomplis, ces jeunes gens, ***libérés de droit***, quelles que soient les circonstances de guerre ou de paix, entrent dans les rangs de la garde nationale proprement dite, chacun selon sa position.

Dans chaque département, le cadre d'une cohorte en officiers, sous-officiers et caporaux, tirés de la ligne, et roulant avec elle pour l'avancement, recevrait à tour de rôle le tiers des jeunes gens ayant atteint leur vingtième année, les garderait quatre mois, pour en former, non des soldats parfaits, mais des hommes connaissant les premiers élémens du service militaire.

Cette cohorte, plus ou moins forte, suivant la population, serait divisée en compagnies tenant garnison dans les différentes villes du département; soumise en tout au régime militaire, elle recevrait, avec une blouse et un schako uniformes, les prestations de toute nature que reçoivent nos soldats. Ces cohortes d'instruction formeraient maintenant une masse d'environ cinquante mille hommes.

On pourrait être dispensé de faire partie de cette cohorte en prouvant une instruction militaire suffisante. L'espoir de cette dispense engagerait les jeunes gens à se faire instruire des élémens du service, au grand avantage de nos régimens et de nos gardes nationales.

La discipline de ces cohortes d'instruction serait assurée, outre les moyens disciplinaires ordinaires, par un prolongement de service dans la cohorte, et enfin par l'incorporation individuelle ou collective dans l'armée, pour les cas déterminés par la loi et prononcés par un tribunal compétent.

Quant aux autres cohortes, l'envoi pour un temps déterminé dans celles d'instruction serait un moyen efficace.

Aux cohortes d'instruction seules, ou à celles appelées à un service actif, seraient distribuées des armes, toujours réintégrées dans les arsenaux aussitôt le service terminé.

Il n'y a rien de commun entre le service de la garde nationale mobile et la Foudre.

Celle-ci, toujours organisée, commandée par des officiers, sous-officiers et caporaux éprouvés, après avoir recruté l'armée, est toujours prête à entrer en ligne avec elle à l'intérieur; c'est sa réserve immédiate. Par son moyen, l'armée peut être plus que doublée sur-le-champ.

Une objection se présente naturellement : la Foudre apporte à l'armée une masse immense de fantassins, mais ne renforce pas les armes spéciales.

Comment remplir ce vide, corriger ce défaut capital ?

1° En augmentant dans l'armée la proportion des armes spéciales par rapport à l'infanterie.

2° Parmi les fils de cultivateurs, parmi les jeunes gens des familles aisées, possédant des chevaux et soumis au service de la Foudre, il ne serait pas difficile de former des corps de cavalerie.

3° La cavalerie de la garde nationale fournirait aussi des détachemens de volontaires qu'il suffirait de former en escadrons sous de bons officiers tirés de l'armée.

4° Nos compagnies de soldats et sous-officiers sédentaires peuvent être formées en compagnies d'artillerie et d'ouvriers du génie; elles possèdent les élémens suffisans.

5° La garde nationale étant mobilisée, il se trouve dans ses rangs d'anciens militaires qui ne demanderont pas mieux que de former des corps volontaires d'armes spéciales. Que la patrie leur fasse un appel, ils l'entendront.

Ces moyens réunis répondent, je crois, à ce que l'objection pouvait avoir de fondé.

### 4° MARINIERS-PONTONNIERS.

Comme les artères et les veines dans le corps humain, les fleuves, rivières et canaux portent et entretiennent la vie dans les pays qu'ils arrosent. S'en rendre maître est se rendre maître du pays; aussi est-ce à dominer leurs cours, à s'emparer des ponts et des gués, à s'y fortifier, à prendre ou détruire les bateaux, que s'attache d'abord une armée envahissante.

Les plus grandes précautions doivent donc être prises par la nation menacée pour défendre ces remparts naturels qui la protégent, entravent à chaque pas la marche progressive de l'ennemi, et l'inquiètent pour sa retraite.

C'est au comité de défense, c'est au corps du

génie à s'occuper de ce point ; mais je ne puis assez m'étonner qu'on n'ait jamais songé à créer un corps spécial pour nous assurer la possession des bateaux, ces puissans véhicules de transport de fourrages, de vivres, de munitions, d'approvisionnemens de toute espèce, ces prompts moyens de passage sur tous les points, et à en priver l'ennemi, entravant ainsi sa marche et paralysant ses moyens d'approvisionnement.

Organisons les bateliers et ouvriers des ports en Mariniers-pontonniers de la garde nationale dont ils feront partie, comme le font aujourd'hui les sapeurs-pompiers.

Que chaque compagnie, commandée par des officiers de son choix, reçoive les ordres d'un officier supérieur cantonnal, nommé par l'administration, correspondant avec les autorités administratives et militaires, et chargé d'imprimer de l'ensemble aux opérations.

S'emparant des bateaux avant l'arrivée de l'ennemi, les éloignant de sa portée, les formant en flottilles dont ils seront les conducteurs et les défenseurs : jetant et détruisant à propos un pont de bateaux : aidant à la défense des gués, qui tous leur sont bien connus : coupant les ponts, etc., ils feront autant de mal à l'ennemi qu'ils seconderont puissamment nos défenseurs.

Ils nous assureront le cours des rivières et nos approvisionnemens, sauveront nos bateaux et marchandises du pillage ou de la destruction, et raviront à l'ennemi tout moyen de transport par eau et même de passage.

Leur bravoure est connue; ils sauront allier le mousquet et la hache à l'aviron.

Je répéterai jusqu'à satiété, je m'efforcerai de faire pénétrer dans toutes les intelligences :

Si nous voulons être forts, être invincibles, groupons les capacités, les spécialités; formons-en des masses homogènes organisées à l'avance et exercées au rôle qu'elles auront à remplir au moment du besoin.

### 5° OFFICIERS DU TRAIN.

Il faut avoir été, en 1813, 1814 et 1815, maire de village d'un département frontière, pour se faire une idée du désordre épouvantable, des pertes de denrées, de chevaux, de voitures, des accidens arrivés aux hommes par suite des réquisitions de moyens de transport.

C'était journellement des corps d'armée à conduire en poste, des fourrages ou vivres pour l'approvisionnement des places, des voitures ou chevaux à fournir aux hommes isolés, aux blessés, etc.

Plusieurs voituriers revenaient sans chevaux, un plus grand nombre sans voiture, quelques-uns ne sont pas revenus, tous ont plus ou moins souffert. Beaucoup n'avaient point d'argent en partant, et tous manquant d'expérience, de direction et de toute protection, ont été en butte à la misère, aux vexations, aux mauvais traitemens de toute espèce.

Le service était on ne peut pas plus mal fait. Les denrées gaspillées, perdues pour les communes qui les avaient fournies, comme pour l'armée ou les places auxquelles elles étaient destinées; beaucoup ont été volées en route, d'autres vendues par les voituriers eux-mêmes, d'autres abandonnées sur les chemins.

Affirmer que jamais la France ne se retrouvera dans de semblables circonstances, que ses frontières ne seront jamais menacées, que nous n'aurons jamais de troupes à transporter promptement d'un lieu à un autre, point de transports extraordinaires de vivres, munitions, fourrages, etc., me semblerait bien hasardeux.

Comme il est possible que tout cela se renouvelle, je crois prudent de prendre de loin quelques précautions qui, ne coûtant rien, ne dérangeant personne à l'avance, permettront de régulariser, au moment du besoin, tout ce qui le peut être dans de semblables circonstances.

Je pense que dans chaque commune un officier du train [1] devrait être nommé, chargé de tenir un contrôle permanent des voituriers, chevaux et voitures de la commune : que plusieurs communes limitrophes devraient former une escouade du

[1] Un officier suffirait dans les communes rurales. Leur nombre devrait être en proportion de l'importance de la commune.

train sous les ordres d'un capitaine cantonnal.

Des réquisitions de voitures arrivant, un des officiers de l'escouade devrait, à tour de rôle, accompagner les voitures, surveiller, diriger, protéger les voituriers, faire au retour un rapport à l'administration municipale et au capitaine correspondant avec les sous-préfets.

L'administration trouverait dans cette création plus de garantie, de célérité et d'exactitude dans le service et contre la perte et le gaspillage des denrées.

Les citoyens requis, accompagnés par un officier chargé de les protéger, ne seraient plus en butte à autant de pertes, de misère, de vexations et de violences.

Dix voitures, au plus, marcheraient sous les ordres d'un officier.

Celui-ci devrait être revêtu d'une sorte de magistrature qui fît respecter sur la route lui et le convoi sous ses ordres. De là le droit de dresser des procès-verbaux, etc.

Si l'on craignait qu'il ne se présentât point de candidats pour ces charges de confiance, on méconnaîtrait deux sentimens : le désir d'être utile et l'attrait des distinctions.

## 6° GARDE NATIONALE MOBILE.

(CORPS DÉTACHÉS.)

Parmi les nombreuses défectuosités de la loi qui règle l'organisation de la garde nationale, il en est surtout une qui blesse toute raison.

Le titre 6, section 1re, intitulé : *Appel et service des corps détachés*, dit :

Art. 138. « La garde nationale doit fournir des » corps détachés pour la défense des places fortes, » des côtes et des frontières du royaume, comme » auxiliaires de l'armée active. »

L'art. 143 désigne pour former les corps détachés :

1° Les célibataires (*jusqu'à trente-cinq ans*);

2° Les veufs sans enfans;

3° Les mariés sans enfans;

4° Les mariés avec enfans;

*Et assimile aux célibataires les jeunes gens mariés avant vingt-trois ans.*

L'art. 144 règle que les célibataires ne seront appelés *que jusqu'à trente-cinq ans.*

Examinons le service que la garde nationale mobile (corps détachés) peut être appelée à faire en temps de guerre, et nous nous convaincrons que son organisation actuelle est la plus vicieuse possible.

Elle est appelée à former les garnisons, à défendre les côtes, les frontières, enfin à entrer en ligne.

Or, quelle est sa composition actuelle?

Elle n'est maintenant qu'un être de raison, elle existe suivant la loi, mais en réalité elle n'existe pas : au moment du besoin on songera à faire les contrôles, et les hommes seront en même temps prévenus et qu'ils en font partie et qu'il faut courir aux frontières.

Quels services attendre d'une telle milice, précipitamment formée d'hommes entièrement étrangers à toute instruction militaire, rassemblés à la hâte, pêle-mêle, sans aucune organisation? Surtout si l'on considère que le plus grand nombre ne sortent pas même de la garde nationale ordinaire : la portion nommée réserve étant de beaucoup la plus nombreuse et devant, par la force des choses, fournir un grand nombre de remplaçans.

Or, je me répète, qu'attendre d'utile d'une telle troupe? Ira-t-elle affronter les vieilles bandes? Fera-t-elle même d'une manière un peu satisfaisante le service des places?

La loi est radicalement mauvaise en ce point.

Autre point également vicieux : un père de famille peut être arraché à sa femme et à ses enfans, tandis qu'une foule de célibataires resteront dans leurs foyers, s'ils ont atteint *trente-cinq ans*.

Le père de famille peut-il, comme le célibataire, faire un service actif, qui l'arrache à sa femme, à ses enfans, et l'expose aux chances de la guerre?

Appelé à défendre une place forte, à comprimer des mouvemens séditieux, enfin à entrer en ligne, son absence peut être longue; il peut être appelé à de grandes distances. Que deviennent sa femme et ses enfans pendant ce temps? Qui les nourrit, qui les protége? Il a une industrie quelconque, nécessaire à sa famille; que devient-elle pendant son absence? Et les dangers de la guerre, l'intéressent-ils seul? Non : sa femme et ses enfans les craignent plus que lui. Y succombe-t-il, que deviennent ceux dont il était l'unique soutien, l'unique protecteur?

Quant au célibataire, il est isolé : son absence, sa mort même, n'entraîne point la perte d'une famille. Mais son père, sa mère, ses amis!..... Eh! l'homme marié a aussi père, mère, amis; il a de plus femme et enfans et fait partie de la famille de sa femme. Que de liens l'attachent à la société! Combien il lui est précieux! Mais le célibataire!..... Quoi! s'il a *trente-cinq ans*, il restera tranquille dans ses foyers, tandis que l'homme marié ira sur les frontières exposer sa famille tout entière dans sa personne!

Les charges doivent être égales; le sont-elles ici? l'un n'expose qu'un être isolé; l'autre une famille entière. La nation, en perdant l'un, ne perd qu'un de ses membres; en perdant l'autre, elle doit se charger des êtres qu'il protégeait, et qu'elle ne *peut jamais indemniser*.

La garde nationale mobile doit, autant que possible, être composée exclusivement de célibataires; elle en vaudra mieux : l'homme qui n'a ni femme ni enfans craint moins de s'éloigner de chez lui; il craint moins les chances de la guerre.

D'ailleurs, si tous les célibataires faisaient jusqu'à *cinquante ans* partie de la garde nationale mobile, tous les anciens militaires valides et non mariés viendraient renforcer ses rangs, lui communiquer leur instruction, leur habitude des fatigues et des dangers, la guider, l'animer par leur exemple (1); si, au contraire, elle n'est composée que d'hommes de vingt à trente-cinq ans, bien peu d'anciens militaires entrent dans ses rangs.

Et pourquoi encore la loi assimile-t-elle au célibataire *l'homme marié avant vingt-trois ans?*

Jusqu'aujourd'hui, le moraliste et l'homme d'état avaient cru de l'intérêt des sociétés d'encourager le mariage, autant pour l'avantage de la morale, de l'ordre, de la tranquillité, qu'en vue de l'accroissement de la population; et la loi agit ici en sens diamétralement opposé!

L'homme marié ne doit faire partie que de la garde nationale sédentaire. Nul plus que lui n'est

(1) On trouverait parmi ces braves les élémens des corps spéciaux : artillerie, ouvriers du génie, etc.

intéressé au maintien de l'ordre, il y emploiera tous ses efforts. Mauvais soldat loin de ses foyers, personne, au contraire, ne les défendra avec plus de courage : il a sa femme et ses enfans à défendre.

Je propose :

1° De diviser la garde nationale mobile en quatre bans :

Premier ban. Les célibataires jusqu'à cinquante ans.

Deuxième. Les veufs sans enfans, jusqu'à quarante ans.

Troisième. Les mariés sans enfans, jusqu'à trente-cinq ans.

Quatrième. Les veufs et mariés, ayant des enfans de quinze ans au moins.

2° Que les contrôles soient permanens ; que chacun connaisse toujours sa position et soit prêt à marcher au premier appel.

3° Que le premier ban soit exercé de temps en temps.

A cet effet, des portions, prises indifféremment dans la garde nationale en service ordinaire et dans la réserve, seraient mandées, à tour de rôle, dans des lieux de réunion où se trouveraient des armes et un nombre suffisant d'officiers, sous-officiers et caporaux des régimens en garnison dans la ville ou le lieu le plus voisin. Là, que des compagnies instantanément formées, encadrées et commandées par les militaires présens, se livrent à quelques exercices et évolutions.

Une instruction militaire suffisante pourrait être une cause de dispense de ces réunions.

Une telle organisation du premier ban réunirait à tous les avantages des vétérans, institués par le maréchal Gouvion Saint-Cyr, celui d'armer un plus grand nombre d'hommes et de conserver indéfiniment les militaires non mariés, en laissant à chacun toute liberté dans l'exercice de sa profession et le choix de son domicile.

Les autres bans ne seraient exercés que dans le cas de départ du premier et au moment du besoin.

## 7° GARDE NATIONALE SÉDENTAIRE.

La garde nationale, telle que l'a faite la loi qui la régit, peut-elle rendre tous les services que la nation est en droit d'attendre d'elle?

Non.

Un esprit de défiance semble avoir, d'un bout à l'autre, présidé à sa rédaction.

L'article 4, titre 1er, porte :

« Les gardes nationales seront organisées par» tout le royaume, elles le *seront par commune*.

» Les compagnies *communales* d'un canton seront » formées en bataillons cantonnaux *lorsqu'une or-» donnance* du roi l'aura prescrit. »

Art. 48......... « Dans *aucun cas*, la garde natio» nale ne pourra être formée par *département*, ni » par *arrondissement* communal. »

Art. 64........ « Mais il ne pourra être nommé de

» *commandant supérieur* des gardes nationales de » tout un *département*, ou d'un même *arrondissement* » de sous-préfecture, etc. »

Pourquoi ce soin minutieux de prévenir toute agglomération? quelle craintive défiance n'indique-t-elle pas de la part du gouvernement?

Le département de la Seine excepté, la garde nationale est *restée communale dans toute la France.*

Qu'attendre de grand de cette belle création du génie de la liberté, après son morcellement en plus de quarante mille parcelles, dont beaucoup de dix à vingt hommes?

Pour rendre des services importans, elle doit agir par masses organisées à l'avance, sans quoi plus d'instruction, d'émulation, de confiance.

Détruisez en elle l'idée de son importance, le sentiment de sa force, elle cesse d'être. Aussi *n'existe-t-elle plus* dans la plupart des localités.

Pourquoi dans chaque département n'est-elle pas réunie en légions? n'a-t-elle pas un état-major qui coordonne ses mouvemens, lui imprime de l'ensemble, lui donne la force qui lui manque?

L'union fait la force. Aussi le gouvernement, qui sentait l'impérieux besoin de s'appuyer sur la garde nationale du département de la Seine, l'a-t-il de suite réunie sous un même chef, en a-t-il fait un corps respectable.

Mais dans le reste de la France, quelques grandes villes exceptées, où est la garde nationale?

Ne peut-elle, dans les autres départemens,

comme dans celui de la Seine, être communale, pour le maintien de l'ordre dans les communes, et départementale pour les besoins départementaux ou nationaux?

Le service qu'elle impose aux citoyens est une charge, un impôt; pourquoi cette charge n'est-elle pas mieux répartie et sur un plus grand nombre? Un fardeau accablant pour quelques-uns est à peine perceptible à chacun, s'il est supporté par *un grand* nombre.

La loi de 1791 soumettait au service de la garde nationale les hommes de dix-huit ans à soixante, c'est-à-dire pendant quarante-deux ans; la loi de 1831 n'appelle que ceux de vingt à cinquante-cinq; soit pendant trente-cinq ans, c'est une perte d'un sixième.

Que les jeunes gens de dix-huit à vingt ans soient rappelés; cette classe est nombreuse, la plus apte à ce service, celle qui en peut le moins souffrir; et, arrivant l'âge de la conscription, les recrues seront moins neuves.

Dans l'intérêt des études, exemptez ceux qui habitent les maisons d'éducation, en leur imposant l'obligation de l'instruction militaire.

Mais point de ces exemptions qui, ressemblant à des priviléges, blessent la masse et diminuent la force morale bien plus que la force numérique de cette belle institution.

Pourquoi l'exemption en faveur des tribunaux?

Le service de la garde nationale pourrait facilement s'arranger avec leurs fonctions judiciaires. Je pourrais citer un magistrat haut placé qui, plus que septuagénaire, simple garde national par sa volonté, n'a manqué depuis 1830, ni une garde, ni une revue.

Et cet exemple est loin d'être unique ([1]).

Pourquoi les ministres des différents cultes, les nombreux élèves des séminaires, les frères des écoles chrétiennes, etc., sont-ils en dehors de la loi commune ?

A-t-on prétendu en faire des privilégiés ou des ilotes ?

Je voudrais qu'on songeât à en faire des citoyens.

Plusieurs d'entre eux l'ont demandé; ils ont été repoussés. Un curé, dernièrement encore, a brigué un grade dans la garde nationale, il l'a obtenu; son élection a été annulée.

Pourquoi exclure les prêtres d'une si noble institution, sauve-garde des lois, des propriétés, de l'ordre et des mœurs ?

L'appuierait-on sur la maxime : *Ecclesia abhorret à sanguine?* Mais la garde nationale est une institution essentiellement civile et pacifique.

Prend-elle les armes pour s'opposer à l'invasion? Les prêtres italiens et espagnols n'ont pas été cen-

([1]) C'est une mauvaise plaisanterie de dire qu'un homme ne peut requérir un corps dont il fait partie. Nous payerons-nous toujours de mots?

surés pour s'être servi des leurs en repoussant l'agression.

Ceux même de la Vendée et de la Bretagne l'ont-ils été?

*L'exercice militaire ne s'est-il pratiqué de nos jours dans aucune maison ecclésiastique?*

Si la garde nationale protége les ministres de la religion, leurs familles, leurs propriétés, pourquoi n'en feraient-ils pas partie?

Si néanmoins des exemptions étaient jugées nécessaires, ceux qui en profiteraient devraient être contraints à verser une somme à une masse destinée à couvrir les dépenses de leurs compagnies. Cela diminuerait les appels de fonds, qui aggravent la charge de ceux qui dépensent déjà temps et argent pour faire le service.

Que les exemptés figurent sur le contrôle, et que leur tour de service arrivant, ils versent une somme fixée pour une garde, une revue, etc.

Tout le monde profite des avantages de la garde nationale, tous doivent concourir à son service.

Pourquoi la loi n'oblige-t-elle point à se faire inscrire les citoyens qu'elle appelle? Laisser ce soin à l'administration est provoquer la fraude.

Beaucoup de jeunes gens savent se soustraire aux recherches des maires et des conseils de recensement. J'en pourrais citer plusieurs qui, ainsi que leurs familles, résident à Paris et s'exemptent du service de la garde nationale.

Tout passeport, tout acte public devrait énoncer

la position du citoyen comme garde national. Nul ne doit pouvoir se soustraire aux obligations qu'elle impose.

### 8° VÉTÉRANS.

Que dans chaque commune il soit formé un corps de vétérans de la garde nationale, sous le nom de garde civique ou urbaine, composé des citoyens que leur âge ou une santé faible exempte du service ordinaire, mais qui conservent assez d'énergie pour faire un service temporaire dans l'intérieur de la commune.

*Qu'exempts de gardes*, ils viennent seulement prêter leur appui à la garde nationale dans les circonstances critiques, renforcer ses postes intérieurs, enfin, la suppléer, si celle-ci est appelée aux remparts, et accroître, en cas d'émeute, sa force morale bien plus encore que sa force matérielle.

En effet, il est peu, s'il en est, de Français assez lâches pour user de leurs armes contre des citoyens âgés, accompagnant les magistrats chargés de maintenir l'ordre. Le respect porté à leurs cheveux blancs rappellerait au respect dû aux rois.

Que l'admission dans ce corps *soit un honneur plutôt qu'une obligation.*

Que ces citoyens qui ont honoré leur carrière, servi la patrie en des genres différens, ayent le rang, portent l'épaulette d'officiers de la garde nationale.

Que dans les cérémonies publiques ils forment le cortége immédiat des plus hauts fonctionnaires ; que des places d'honneur leur soient toujours réservées.

Que leur uniforme et leur armement diffère de celui de la garde nationale ordinaire ; que celle-ci apprenne à se servir des armes de guerre; une épée, un fusil de chasse suffit au vétéran. C'est par sa présence, plus que par ses armes, qu'il peut rendre les plus grands services.

---

Le problème à résoudre est de grouper les citoyens selon leurs positions relatives; d'utiliser au besoin leurs forces réunies sans entraver les relations sociales ordinaires, sans nuire à aucun intérêt.

Que chacun reste chez soi, se livrant sans trouble à ses occupations, à ses goûts , à ses plaisirs; mais qu'il connaisse son poste au moment du danger et qu'il se prépare à l'occuper avec avantage pour la patrie, avec honneur pour lui.

La place de chaque citoyen ainsi marquée à l'avance, son rôle nettement dessiné, il s'en pénètre, et sans confusion, sans trouble, sans dépenses extraordinaires, la France se couvre de défenseurs; elle est inattaquable !

Et cependant la charge, ainsi répartie sur tous,

n'est accablante pour aucun ; tous la supportant en commun, tous le feront avec joie.

Pourquoi les milices étaient-elles autrefois si odieuses? c'est qu'elles frappaient exclusivement sur la classe qui déjà supportait, sans aucun dédommagement, toutes les autres charges de la société et en était accablée au profit des classes privilégiées, insolentes parasites, profitant de tous les avantages sociaux sans supporter la moindre partie du fardeau.

Bénis soient à jamais nos pères, qui, brisant enfin nos chaînes avilissantes, ont, aux cris de liberté et d'égalité, réveillé la nation du sommeil léthargique où elle croupissait ; ont enseigné aux Français leur dignité d'hommes; ont transformé de vils ilotes en nobles citoyens tous pleins d'amour pour la patrie, tous également intéressés à la défendre !

Que l'étranger nous force à crier : Aux armes ! et huit millions de citoyens-soldats se lèveront pour le faire repentir de son agression !

Mais, au nom de la patrie, au nom de la civilisation, au nom de l'humanité entière, gouvernans, songez enfin à organiser nos immenses moyens de défense nationale ; n'attendez pas le moment du danger, sous peine d'entraîner la France dans de nouveaux malheurs et de succomber vous-mêmes chargés de l'exécration publique ! Puisse l'expérience du passé vous éclairer enfin !

Mais que la garde nationale, sauve-garde de notre indépendance nationale, de nos libertés, de notre souveraineté, ne puisse jamais être détournée de sa noble mission; que, par sa loi constitutive, elle ne puisse devenir une arme dangereuse entre les mains d'un conquérant; que cette loi *interdise à jamais à aucun de ses corps de franchir la frontière.*

On objectera qu'une telle interdiction peut paralyser un général dans un moment important, lui arracher la victoire des mains : je le sais; mais ce danger me touche moins que l'abus qu'il pourrait faire d'une force qui doit être exclusivement défensive.

Là se borne son rôle militaire; à l'armée, mais à l'armée seule, le rôle offensif.

## DE L'ARMÉE.

---

Une garde nationale fortement constituée nous permettra de braver chez nous toutes les forces de l'Europe, sans entretenir une armée très-nombreuse, et ce bienfait sera vivement apprécié par tout homme réfléchi.

En effet, une des causes les plus puissantes du malaise des sociétés modernes, soit sous le rapport de la morale, de l'industrie, de l'agriculture, de la population, soit sous le rapport financier, soit enfin comme obstacle à la liberté, comme instrument de tyrannie, est l'entretien de ces immenses armées permanentes qui couvrent aujourd'hui l'Europe.

Est-il besoin de démontrer que ces grandes agglomérations de célibataires nuisent à la population, sont des foyers permanens de démoralisation; que tant d'hommes arrachés à l'agriculture, à l'industrie, aux arts, aux sciences, au commerce, appauvrissent, en temps de paix, la patrie, qu'ils auraient enrichie, mais qu'ils défendent et honorent en temps de guerre?

Pendant tout le temps qu'ils sont sous les drapeaux, ils consomment, détruisent, et ne produisent rien; et, ce temps expiré, le plus grand nombre est devenu incapable de reprendre l'habitude de travaux oubliés si long-temps. La patrie est ingrate envers eux : soldats, non par choix, mais pour obéir à la loi, sous les drapeaux ils vivent de privations ; vieux, ils traînent dans la misère un reste de vie usée par les fatigues, les dangers et la révoltante exiguité des moyens d'existence offerts en échange de leur liberté et de leur vie. Cependant, par leur masse, ils deviennent un fardeau accablant pour les finances de la patrie, qui donne si peu à chacun d'eux.

L'habitude de l'obéissance passive, le long temps qu'ils passent sous les drapeaux, les rendent redoutables à la liberté; leurs régimens deviennent trop souvent leur patrie, et trop souvent, à la voix de leurs chefs, ils enchaînèrent leurs concitoyens.

Cependant la France a besoin d'une armée forte et instruite, capable de faire respecter la patrie, sans lui causer d'inquiétude pour sa liberté; et la France aujourd'hui n'a rien à désirer à cet égard.

Mais l'armée ne soupire-t-elle après aucune amélioration à son sort?

Jetons un coup d'œil rapide sur quelques-unes de celles qui nous paraissent les plus désirables : l'instruction et le sort du soldat, les retraites, le remplacement, etc.

Et d'abord :

Que le temps du service soit restreint ; des engagemens de trois ans sont suffisans pour l'infanterie; des avantages faits à la cavalerie et aux armes spéciales peuvent et doivent indemniser les citoyens qui composent ces corps d'être retenus plus longtemps à l'armée.

Plus le temps des engagemens sera court, plus l'armée sera citoyenne, plus la population sera militaire. Que beaucoup passent sous les drapeaux, mais qu'ils y restent peu de temps.

D'ailleurs, le sort de l'armée étant amélioré, l'avenir des soldats assuré, les rengagemens ne manqueront pas, et l'armée sera d'autant meilleure qu'elle comptera dans ses rangs plus de soldats éprouvés, servant par choix.

Qu'aucune classe [1] ne soit exempte du service militaire : c'est l'impôt le plus lourd, nul ne doit pouvoir s'y soustraire.

Qu'il soit apporté un terme au scandale de certaines réformes [2].

Que l'exemption en faveur du fils aîné du sexagénaire et de la veuve ne favorise que celui dont le travail est nécessaire à sa famille.

C'est avec indignation qu'un homme d'honneur entend un riche vieillard invoquer la loi, non pour garder son fils, mais pour s'épargner la dépense d'un remplaçant.

O honte! un malheureux part, souffre, meurt; une famille entière est en proie à la désolation, à

(1) Les séminaristes et les frères des écoles chrétiennes.

(2) Je connais d'excellens chasseurs réformés comme myopes; des Hercules qui, au moyen d'un exercice violent pris avant la visite, se sont fait réformer pour anévrisme au cœur, etc., etc.

la misère, et pourquoi? pour qu'un riche conserve quelques écus que la mort lui arrachera demain.

Et l'on veut que le pauvre ne murmure pas! Ah! que la classe aisée y prenne garde! des injustices si criantes justifieraient bien plus que des murmures!

Que l'avancement dépende moins de la faveur; qu'une partie soit mise au concours, l'homme supérieur languira moins souvent dans les emplois subalternes. Qu'une partie s'accorde sur la présentation des officiers et sous-officiers : l'estime de ceux qui nous voient journellement doit nous sortir de la foule. Que le général ne soit pas juge unique des actions d'éclat qui méritent récompense : la faveur ne peut-elle jamais obscurcir son jugement?

Pourquoi le sort de nos sous-officiers n'est-il pas plus assuré?

Que le chef de corps ait le droit de suspension; mais que la révocation dépende exclusivement d'un tribunal. Je connais plusieurs sous-officiers distingués que l'absence d'une telle garantie a seule décidés à quitter le service.

La discipline souffre-t-elle de ce que le grade de l'officier est inviolable? Pourquoi celui du sous-officier est-il si précaire? Souvent il a travaillé dix ans, enduré mille fatigues, couru mille dangers pour l'acquérir; faut-il que sa conservation dépende d'une boutade d'un colonel ou d'un général!

Je sais combien ces cas sont rares; que l'honneur de nos chefs militaires est une garantie; mais je la voudrais dans la loi, dans le jugement d'un tribunal, non dans une décision ministérielle, qui ne peut guère être qu'approbative de la conduite de l'officier supérieur.

Que l'instruction primaire soit plus soignée; que les progrès trouvent leur récompense dans les congés, les permissions accordées au zèle et refusées au soldat repoussant le bienfait de l'instruction. *Le temps de service devrait être prolongé pour celui qui n'a pas voulu apprendre.*

Que des cours supérieurs s'ouvrent dans chaque régiment pour les militaires de tout grade, avec obligation de les suivre pour ceux qui possèdent les élémens suffisans. Les officiers sortant des écoles militaires, tous ceux possédant des connaissances spéciales y professeraient : leurs soins étant un titre d'avancement, et une année de professorat comptant double pour le temps de service.

Pourquoi les soirées que le soldat est obligé de passer au lit et l'officier au café ne seraient-elles pas prolongées et employées à l'instruction ?

Il est honteux de penser que chez nos voisins elle est infiniment plus répandue que chez nous et plus soignée dans leurs armées (1). Sortons de cet

(1) En Ardennes, j'ai employé beaucoup de prisonniers suédois ; tous avaient des connaissances. J'y ai vu beaucoup de Saxons, de soldats de la confédération du Rhin ; tous savaient lire et écrire. J'ai logé beaucoup de Prussiens, et *pendant trop long-temps;* tous sont plus ou moins instruits, et leurs écoles régimentaires forment des sous-officiers distingués.

état d'infériorité! le premier rang en tout genre doit appartenir à la France; hâtons-nous de le saisir!

Que les exercices de gymnastique soient de plus en plus en honneur. Amoros, puisse notre reconnaissance, puisse le développement de nos facultés te payer dignement de tes soins, couronner tes intentions philanthropiques!

Que les régimens, les bataillons, les compagnies, comptant le plus de soldats instruits soient notés honorablement; que ce soit un titre d'avancement pour leurs chefs. Lors des inspections, que le général-inspecteur soit accompagné *ad hoc*, par un délégué du ministre de l'instruction publique, indépendant de toute influence militaire.

L'armée, en devenant un véhicule d'instruction, aura, sous ce rapport encore, bien mérité de la patrie.

## COMPAGNIES D'INSTRUCTION.

Pour mettre sur le pied de guerre les divers corps de la garde nationale, il sera besoin d'un grand nombre d'officiers et de sous-officiers; or, les demander brusquement à l'armée, serait l'affaiblir, en quelque sorte la désorganiser. Il convient donc d'en avoir une pépinière toujours prête.

Je pense que des compagnies d'instruction devraient être établies dans plusieurs de nos principales villes, comme Lille, Rennes, Bordeaux,

Montpellier, Grenoble, Strasbourg, toutes éloignées de Paris, comme l'une de l'autre, et répandues sur les divers points de la France; toutes enrichies d'universités et renfermant de grands établissemens militaires.

Que ces compagnies, commandées par des officiers et sous-officiers tirés du génie, de l'artillerie, ou parmi les officiers de nos régimens sortis des écoles militaires, soient composées de soldats qui, pendant deux ans de service au moins dans les divers corps de l'armée, se seront fait remarquer par une conduite et un zèle soutenus; par leur aptitude au service et aux connaissances, surtout par leurs progrès dans les écoles régimentaires; mais manquant de l'éducation et de l'instruction nécessaires pour faire des officiers dont l'armée puisse s'honorer.

Qu'ils reçoivent une haute paye et contractent un nouvel engagement, complétant dix ans de service : de huit ans pour celui qui en a servi deux : de sept pour celui qui en a servi trois, etc.

Que leurs officiers-professeurs et leurs sous-officiers-répétiteurs les forment aux connaissances utiles en même temps qu'à l'art de la guerre.

Pour compléter leur éducation militaire, ils devront faire alternativement le service de sous-officiers et d'officiers dans leur compagnie, et rentrer dans les rangs après quelques jours d'épreuve dans les divers grades.

Qu'après de sévères examens ils soient, *sur leur*

*demande*, désignés au ministre pour l'avancement dans l'armée.

Mais que jamais ils ne puissent obtenir un grade quelconque dans une compagnie d'instruction ou y rentrer après en avoir été tirés, excepté pour un service temporaire dans un des corps actifs de la garde nationale, d'où ils sortent pour rentrer dans la compagnie avec leur position première, à moins qu'ils n'aient obtenu un grade dans l'armée.

Que leurs officiers et sous-officiers roulent avec ceux des régimens pour l'avancement, et ne puissent jamais en obtenir dans une des compagnies d'instruction, ni permuter, ni s'y remontrer après en être sortis, quelle que soit devenue plus tard leur position.

Ils entreront, ainsi que les sous-officiers, dans les compagnies d'instruction avec leur grade et un supplément de solde; mais n'en pourront sortir avec un grade supérieur qu'après un temps de service réglé par la loi, pour que ces corps ne puissent offrir des moyens de frauder la loi d'avancement, comme jadis la garde royale.

Une discipline exacte et sévère doit régir ces compagnies.

Que les officiers négligeant les devoirs du professorat soient mis en demi-solde, d'après l'avis des inspecteurs civils et militaires dont nous avons parlé ci-dessus.

Décernez des prix; mais renvoyez à leurs régimens, sans préjudice de peines plus sévères, les sous-officiers et soldats se conduisant mal.

Ces compagnies peu nombreuses, toujours isolées, ne pouvant se montrer à Paris, se recrutant toujours dans l'armée en officiers, sous-officiers et soldats, seront pour elle un objet d'émulation, jamais de jalousie, et la patrie ne pourra craindre d'y voir le germe de *nouveaux prétoriens*.

Notre armée fourmille d'hommes auxquels il ne manque, pour s'illustrer dans tous les genres, que l'éducation et l'instruction; offrez-leur le moyen de les acquérir, ils le saisiront et honoreront eux, l'armée et la patrie. Faute de culture, le germe se dessèche : accordez-lui quelques soins, il se développera, produira une végétation vigoureuse et des fruits abondans.

## DES SOLDATS.

De tous les impôts, en est-il un plus onéreux que celui qui arrache brusquement un jeune homme à toutes ses affections, à tous ses goûts, à toutes ses habitudes, aux travaux, aux études de son choix, à toutes ses espérances, à sa liberté enfin, pour le jeter malgré lui, malgré sa famille en pleurs, et pendant de longues années, dans une carrière aventureuse, remplie de privations de toute espèce; des dangers, des fatigues de la guerre, des dangers pires encore, de la vie laborieusement oisive des casernes; d'une existence dont tous les instans sont flétris par la dépendance la plus cruelle!

Quel est l'impôt plus inégalement réparti? Tous les Français en sont également menacés; mais, en définitive, c'est le moindre nombre qui paye pour tous, et presque uniquement la classe pauvre.

Qu'une famille ait quelque aisance, son fils ne sera pas soldat; elle paye de quelque argent le sang et la liberté d'un homme qui va souffrir et mourir pour un autre. Est-elle embarrassée de donner un état à son fils? elle paye : les écoles militaires s'ouvrent, et le jeune homme en sort officier. Les nombreux séminaires, la corporation des écoles chrétiennes, offrent encore à une foule d'autres des asiles inviolables.

Un Crésus de soixante ans, une veuve à équipages et livrées gardent leurs fils : *ils ont besoin de soutiens!* et l'ouvrier infirme, pauvre, père d'une nombreuse famille, voit partir ses fils. De quoi donc aurait-il besoin? de quoi peut-il se plaindre? Il existe des dépôts de mendicité.

En échange de leurs longues privations, des dangers qu'ils courent, de l'abnégation exigée, pendant plusieurs années, de tout libre arbitre; de leur séparation forcée de tous les objets de leurs affections, de toutes les espérances de leur vie, de toutes les illusions de leur jeunesse, quelle rémunération la patrie offre-t-elle à ses défenseurs? Ils lui font le plus grand des sacrifices, et le plus souvent sans compensation.

« Le bâton de maréchal est dans la giberne de » chacun de vous ; faites-l'en sortir, » disait Louis XVIII aux soldats. Le mot est spirituel, mais il n'est qu'une sanglante ironie. C'est présenter l'espoir du quine au joueur à la loterie (1).

Celui de parvenir au grade de colonel, de général, est un peu moins chimérique ; mais combien de soldats, non sortis des écoles militaires, parviennent-ils à ces postes élevés ?

Sans doute ils peuvent espérer devenir officiers ; mais, défalcation faite des grades réservés avec raison aux élèves des écoles militaires, un conscrit sur onze cent vingt-cinq a seul la chance d'obtenir l'épaulette.

La masse, après son temps de service, rentre dans la société avec des infirmités ; privée de moyens d'existence ; ayant oublié l'habitude du travail ; perdu l'aptitude aux divers métiers, et, pour son avenir, les années les plus fructueuses de la vie.

Et remarquons encore que ce sort pèse presque exclusivement sur la classe qui a le plus besoin de songer, par le travail de la jeunesse, à se préparer une existence pour l'âge du repos.

Eh ! qui pense à la masse, tourbe négligée en tout temps ?

(1) Des calculs les plus exacts possibles, basés sur le nombre des maréchaux nommés par Napoléon, la restauration, le gouvernement constitutionnel, et le nombre des soldats qui, pendant ce laps de temps, ont passé sous les drapeaux, il résulte que, sur quinze cent mille conscrits, un seul à peine peut espérer faire un jour sortir de sa giberne le bâton de maréchal.

Louis XIV lui a ouvert les Invalides, et c'est un de ses plus beaux titres de gloire; mais tout soldat n'a pas le *bonheur* d'être mutilé.

Je sais que, sans parvenir aux Invalides, le maréchalat du vieux soldat, un bras, une jambe emportés par le boulet, sont taxés à quelques francs.

Mais au vieux soldat non mutilé que lui offrez-vous ?

Au bout de trente ans révolus, de trente ans et pas moins, il peut espérer 200 fr. de pension. Mais vingt-cinq, vingt-neuf ans même de fatigues, de privations, de dangers, ne lui donnent pas droit à un centime! et la réforme ou le licenciement, à défaut de maladies et de la mitraille, est là pour lui dire : « Arrête! Tu n'attendras pas les trente » ans après lesquels tu soupires! »

Est-il un métier qui n'offre au travailleur rangé l'espoir de quelque aisance? Pourquoi n'en est-il pas de même de l'état militaire, le plus dur de tous et le *seul imposé par la loi?*

Que de tristes réflexions fait naître un tel état de choses!

Est-il donc impossible de l'améliorer? La République avait promis un milliard à ses défenseurs; qu'est devenu le milliard ?

Quelques-uns se sont affublés, plus tard, des vieilleries d'un autre âge; les titres, les fiefs, ont succédé à l'égalité républicaine; le laurier civique a fait place aux écussons nobiliaires, aux couronnes ducales, princières, royales même, des trésors leur ont été prodigués; mais la masse, qu'a-t-elle reçu? qu'est-elle devenue?

Ce n'est point de récompenses qu'il s'agit ici; mais de pain à assurer à nos vieux soldats.

Or, leur nombre est si considérable que, tout en n'accordant à chacun d'eux que le strict nécessaire, les finances en éprouveraient une fâcheuse surcharge. Il faut donc chercher quelque autre moyen que l'argent tiré du trésor.

A l'article *Remplaçans*, j'ai démontré qu'il est facile d'assurer l'avenir de plus de soixante mille soldats en les faisant profiter *fructueusement* de 20 à 26,000,000 fr., somme du prix de douze à seize mille remplacemens annuels (1). Cela vaut la peine d'un examen.

Mais qu'un tel bienfait ne s'arrête point sur quelques-uns; tâchons qu'il s'épande sur tous.

Pourquoi ne point fonder en leur faveur une caisse de retraite alimentée :

1° *Par une taxation proportionnelle à la fortune, frappant tout réformé ou exempté?*

S'il ne paye pas de sa personne, ne doit-il rien à qui combat pour lui, l'homme plus petit que son voisin d'une ligne ou deux? celui à qui il manque quelques dents de devant? celui dont

(1) Un appel de soixante mille hommes fournit douze mille remplaçans qui, à 1,600 francs l'un, égalent 19,200,000 francs.

Pour un appel de quatre-vingt mille hommes il part seize mille remplaçans qui, à 1,600 francs l'un, égalent 25,600,000 francs.

l'ouïe est moins fine, la vue moins directe, ou moins longue, la taille moins droite, etc.? Celui qui se destine au sacerdoce, etc., etc.

2° *Par une faible rétribution, également proportionnelle, versée par tout jeune homme non appelé sous les drapeaux et après son entière libération.*

Ce serait avec joie que le jeune homme favorisé par le sort, heureux de rester dans sa famille, de conserver sa liberté, verserait une légère rétribution en faveur de ses frères, moins heureux que lui.

3° *Par un droit fixe établi sur tout acte de remplacement.*

Quand chaque remplacé serait tenu de contribuer aux retraites pour la somme une fois payée de 100 ou 200 fr., ce surcroît de dépense n'arrêterait personne.

4° *Par des legs et dons.*

Si cette caisse avait, comme plusieurs établissemens publics, la faculté de recevoir des dons ou legs, combien de bons citoyens, combien de militaires favorisés de la fortune s'empresseraient de concourir à une œuvre si noble, si patriotique!

Mais encouragez surtout l'ordre, l'économie et le travail.

Que nos armées exécutent de grands travaux publics.

Que le militaire soit encouragé à se livrer individuellement au travail. Un certain nombre déjà aide aux travaux de la campagne, ou utilise quelques journées dans divers ateliers ; développez ce précieux emploi de leur temps en économisant autant que possible celui qu'à la caserne ils passent à des occupations peu fructueuses [1].

Que des caisses d'épargne soient établies dans tous nos régimens pour recevoir les faibles économies des militaires de tout grade et les *faire jouir des intérêts composés*.

Combien ne doivent leur inconduite qu'à la difficulté de placer journellement le peu qu'ils peuvent avoir, et se former ainsi un petit pécule! Certes, ce n'est pas sur sa solde que le simple soldat peut économiser; mais reçoit-il quelque argent de sa famille, ou le prix de quelques journées de travail? fait-il quelque prise à la guerre? que voulez-vous qu'il fasse de son argent? Il passe aussitôt de ses mains dans celles du cabaretier ou de la vivandière. Offrez-lui de le recevoir, de lui en payer les intérêts, de les cumuler, et il économisera. Il y gagnera autant sous le rapport de la santé que sous celui de son avenir, et la morale publique en profitera.

Qu'une portion soit capitalisée et ne lui soit remise qu'après sa libération, et nous n'aurons plus le douloureux spectacle de vieux militaires se retirant avec une *faible partie de leurs vêtemens* pour toute fortune.

(1) L'emploi du cuir verni pour buffleteries, etc., le bronzement des armes, ne pourraient-ils économiser le temps? N'y a-t-il pas beaucoup d'autres moyens encore?

Il est d'autres moyens encore, pour lesquels je suis loin d'aspirer à un brevet d'invention ; mais si l'idée n'est pas neuve, est-ce une raison pour ne pas en réclamer la stricte et surtout la *légale* exécution, et ne pas chercher à en étendre le cercle ?

Il a été établi que les places de gardes seraient réservées aux vieux soldats ; les douanes, les octrois, etc., leur offrent aussi quelque réfuge ; mais cela est-il suffisant ? D'ailleurs la loi, si je ne me trompe, est muette à cet égard, et une foule d'hommes se trouvent sans pain après leur temps de service ; on peut leur en assurer.

Il existe dans toutes nos administrations, dans chacune de nos villes, dans nos moindres villages, des moyens de soustraire à la faim beaucoup d'hommes vieillis sous le harnais. La loi ne pourrait-elle pas leur réserver un grand nombre de positions subalternes, qui n'exigent pas d'instruction spéciale ? Une foule de garçons de bureau, d'hommes de service fourmille dans nos administrations grandes et petites ; pourquoi ne pas exiger des postulans la preuve qu'ils ont servi avec honneur, pendant un nombre d'années déterminé ?

Beaucoup de gardes publics ou particuliers n'ont pas servi ; pourquoi ne pas les astreindre tous à la même preuve, ainsi que les employés actifs des droits réunis, octrois, ponts et chaussées, postes, etc. ?

Mais les débits de tabac, de cartes, de papier timbré, tous ces petits commerces privilégiés dont l'administration dispose, pourquoi ne sont-ils pas, *par la loi*, dévolus à l'armée ?

En France, le *patriotique*, *le grand* Duprat, ce *noble* promoteur, sinon inventeur de la vénalité, se revit d'âge en âge, et aujourd'hui tout se vend ! Chez nous, l'agent de change achette un million le droit d'intervenir dans nos transactions; et trop souvent....... le notaire, l'avoué, le....., le....., la kyrielle serait trop longue à énumérer, pour descendre jusqu'au débit de tabac, qui se vend aussi bien qu'une perception, un greffe, etc.

Parmi les nombreux et tenaces abus qui règnent sur notre belle France *si bien régénérée*, dit-on, ne pourrons-nous du moins porter la hache sur ceux qui font que celui qui n'a rien ne puisse rien avoir, et qui privent la patrie de ses moyens de rémunération ? O infâme vénalité ! es-tu donc chez nous un mal incurable ?

Les colonies militaires pourraient améliorer le sort des débris de nos troupes de terre et de mer : huit millions d'hectares, qui nous restent à utiliser, nous en fourniraient les moyens ; mais la liberté aurait à craindre les vétérans d'un nouveau César !

Une fois établies, les colonies militaires pourraient être multipliées, et un chef de soldats s'en faire une arme de despotisme. La liberté n'est jamais assez ombrageuse.

Je propose donc, pour sauver de la misère ceux dont la vie a été consacrée à la défense de la patrie :

1° Les moyens indiqués à l'article *Remplaçans* (voir l'article ci-après et celui *Retraites*) ;

2° La caisse de retraite des soldats, dont le plan est ci-dessus ;

3° L'encouragement au travail, à l'ordre, à l'économie ;

4° Que la loi exige du postulant à certaines positions, la preuve qu'il a servi avec honneur pendant un temps déterminé.

Si ces moyens étaient insuffisans pour parer à toutes les infortunes, au moins en adouciraient-ils le plus grand nombre, sans charges pour l'état, sans danger pour la liberté, et au profit de la morale.

## DU REMPLACEMENT.

La loi ne pourrait interdire le remplacement sans jeter une grande perturbation dans nos habitudes. Les sciences, les lettres, les arts, l'industrie le réclament, et, sagement combiné avec les divers besoins de la société, il peut être utile à toutes les classes, sans en froisser aucune, et en améliorant le sort et la composition de l'armée, loin de la compromettre.

Tel que nous le connaissons aujourd'hui, le remplacement est une plaie pour l'armée ; il amène dans ses rangs un cinquième de soldats qui sont loin d'en être l'élite, et qui présentent à la nation peu de garanties. Ils ne possèdent rien, n'ont guères de chances d'avancement, et ont dissipé avant d'être au corps, ou bientôt après, le prix de leur engagement (1).

Le problème à résoudre est de rendre le remplacement utile à l'armée, utile à toutes les classes et à la morale.

Il sera utile à l'armée en n'admettant que des soldats éprouvés.

Utile aux remplacés, par la garantie qui leur sera présentée.

Aux remplaçans, en leur offrant, après leur temps de service, une somme qui les assure contre la pauvreté.

A la morale, en ne faisant pas du remplacement une prime offerte à la paresse, à l'inconduite des uns, à la cupidité des autres, et en assurant une existence à tant de vieux soldats dont la misère accuse notre ingratitude à leur égard.

Commençons par détruire le trafic de ces hommes qui, spéculant sur la misère, l'inconduite et l'ignorance, donnent au remplaçant le moins possible (quand, par une banqueroute, ils ne lui enlèvent pas le tout), font payer au remplacé plus que le prix promis au premier, et offrent aussi peu de garantie à l'un et à l'autre qu'à l'armée elle-même (2).

(1) Je m'empresse de proclamer qu'il existe d'honorables exceptions; que plusieurs ont fait un emploi respectable de leurs fonds en soulageant leurs familles, et qu'ils servent avec honneur.

(2) Les agens de remplacement prélèvent sur les familles qui se

Que nul à l'avenir ne puisse remplacer s'il n'a accompli au moins *trois ans* de son temps de service, et n'a été désigné par le conseil d'administration comme un soldat que le corps s'honorerait de conserver [1].

Qu'il se soumette, en ce cas, à un réengagement de sept ans; l'armée y gagnera de bons militaires qui n'auront pas à rougir de leur origine et pourront parvenir.

Je demande que le soldat soit apte à remplacer après trois ans de service, parce qu'alors il est éprouvé; qu'il a passé le temps le plus pénible, n'a pas encore eu celui de se dégoûter, peut fournir une longue et honorable carrière militaire, et que, s'il se retire après ce second engagement, il n'a qu'environ trente ans et peut encore travailler utilement.

Je demande que le réengagement soit de sept

font assurer, un impôt énorme. Le prix le plus bas de l'assurance est de 800 francs, et, sur trois assurés, ils fournissent un soldat au plus; c'est donc 2,400 francs qu'ils reçoivent pour chaque remplaçant fourni, qui leur coûte à eux de 1,000 à 1,500 francs, soit 1,500 francs. Ils font donc un gain de plus de 900 francs par homme. Fournissant ainsi plus de six mille hommes à l'armée, ils prélèvent donc plus de 5,400,000 francs, rien que pour l'assurance.

Et dans ces 5,400,000 francs ne sont pas compris les bénéfices énormes faits sur les remplaçans fournis directement, c'est-à-dire à ceux qui ne se sont pas fait assurer, et le nombre en est considérable; car ces compagnies, au moyen de leurs nombreux agens, se sont assuré presque le monopole des remplaçans.

(1) En demandant que le soldat soit apte à remplacer après trois ans de service, je suis loin de repousser celui qui en aurait cinq, qui en aurait dix. C'est une faveur et non une exclusion que je réclame.

ans, parce que la faculté de se faire suppléer est une faveur faite à la classe aisée, que la prolongation de service du remplaçant ne lui coûtera qu'un léger sacrifice pécuniaire et sera utile à l'armée.

Un soldat exprime-t-il sa volonté de remplacer? que sa demande soit transmise par le corps au ministre, qui, de son côté, ayant un bureau spécial correspondant avec les préfets, sera l'intermédiaire entre les remplaçans et les remplacés, contractant cependant ensemble, mais sous la garantie de l'État.

Que le prix du remplacement, déclaré *incessible* et *insaisissable*, soit uniforme, fixé par la loi, et ne puisse être remis au soldat qu'après sa libération ou à sa famille en cas de mort (1).

Je demande que le prix du remplacement soit *incessible* et *insaisissable*, parce que c'est le prix du sang : dans toute circonstance, il doit être conservé à celui qui l'a acquis; là est la garantie de sa bonne conduite au corps, là est tout son avenir au sortir du corps. Par là, il est assuré et contre sa propre inconduite et contre la cupidité des autres.

Soit que l'administration laisse le prix du remplacement entre les mains du remplacé ou qu'elle

(1) Ce prix, nécessairement variable selon les circonstances, pourrait, chaque année, être fixé par la loi qui règle le contingent des d'hommes.

le reçoive en tout ou partie, elle devra toujours en servir les intérêts à 5 pour 100, partout où sera le remplaçant, ou, à son choix, les cumuler et le faire jouir de l'intérêt composé; à moins qu'il n'en ait disposé en faveur de sa famille.

Que lors de sa libération son pécule ne lui soit compté que dans le *domicile qu'il aura choisi* et en présence du maire ou d'un délégué chargé de l'éclairer sur son emploi; la protection de l'administration devant guider son inexpérience et chercher à le sauver des griffes des faiseurs d'affaires.

Un citoyen honorable, choisi par l'administration, pourrait, sous le nom de tribun des soldats, exercer en faveur du militaire libéré du service, et à sa prière, un patronage tout officieux et essentiellement gratuit, soit comme intermédiaire entre lui et l'administration, soit en l'éclairant de ses conseils pour l'emploi de ses fonds, soit en l'aidant de son appui pour celui de ses forces physiques ou intellectuelles.

De retour dans ses foyers, trop souvent le militaire ne trouve plus de famille, plus d'amis. Qu'une philanthropique prévoyance lui prépare au moins un appui.

L'honneur de protéger une classe si intéressante sera brigué par une foule de bons citoyens.

En réglant ainsi le sort des remplaçans, les enrôlemens volontaires seront plus nombreux, les jeunes gens voyant, au bout de quelque temps de service, s'ouvrir devant eux une honorable carrière militaire et fuir la crainte de la misère.

Le prix moyen d'un remplaçant est aujourd'hui de 1,600 fr. : or, cette somme, avec les intérêts composés, cumulés pendant sept ans, égale 2,251 fr. 35 centimes, que le soldat recevrait lors de sa libération.

En supposant l'armée de quatre cent mille hommes, comme les remplaçans y comptent pour un cinquième, voilà quatre-vingt mille soldats, supposons *soixante mille*, à l'abri de la pauvreté ; car leur pécule, premier stimulant de leur bonne conduite, étant joint à leur travail et à leur industrie, qu'il viendra alimenter et développer, leur assurera à tous une existence tolérable et l'aisance à plusieurs.

En résumé, je propose :

1° Que les remplaçans aient tous servi honorablement;

2° Qu'ils contractent un réengagement de sept ans;

3° Que l'État garantisse le prix du remplacement et soit l'intermédiaire entre le remplacé et le remplaçant, traitant cependant ensemble;

4° Que le prix du remplacement, uniforme et réglé par la loi, soit *incessible* et *insaisissable* ;

5° Que l'État en serve les intérêts au remplaçant ou les cumule à son gré, en le faisant jouir de l'intérêt composé ;

6° Que son pécule ne lui soit compté que dans

ses foyers, et qu'une philanthropique protection l'y attende;

7° Qu'une caisse d'épargne soit ouverte dans chaque régiment en faveur des militaires du corps. (Pour plus de développemens voir l'art. *Soldats*.)

De cette manière la plaie du remplacement serait transformée en une institution aussi utile à l'armée qu'aux citoyens et à la morale.

## DES RETRAITES.

C'est une loi bien dure que celle qui exige trente ans de bons services de l'officier pour lui assurer à la fin une retraite qui le met à peine au-dessus du besoin.

Tous nos officiers sont plus ou moins instruits, beaucoup ont de grandes connaissances : or, quelle carrière civile ne leur offrirait plus de chances de fortune après trente ans de travail?

L'honneur et l'espoir de l'avancement sont à la vérité deux puissans véhicules; l'honneur surtout, qui fait vibrer si fortement un cœur français, l'honneur, qui seul paraît au plus grand nombre une récompense suffisante.

Oui, je le sais : oui, je le sens intimement, il est des services que l'argent ne paiera jamais; il est des sacrifices que l'honneur et l'amour de la patrie peuvent seuls inspirer et récompenser dignement. Sentimens nobles et purs, qui nous avez en tout temps inspiré de si grandes actions, continuez à échauffer nos cœurs, et soyez toujours les principaux mobiles de nos guerriers! que la couronne civique, tressée de vos mains, soit leur plus douce récompense.

Mais la nation doit leur assurer une existence convenable, et ne doit pas la leur faire attendre assez long-temps pour que la plupart n'en puissent profiter.

Trente ans dans la vie d'un homme! mais cela est immense! la vie moyenne n'est que de trente ans! Et vous exigez trente ans de dévouement, de privations, de dangers, pour que le militaire ait droit à une chétive retraite!

Diminuer ce temps d'un tiers, le réduire à vingt ans, serait pour l'armée un bienfait immense.

L'objection tirée de la pénurie du trésor public est-elle aussi forte qu'elle le paraît au premier coup d'œil? n'avons-nous, dans aucune branche de l'administration, des salaires trop élevés? point de sinécures? point surtout de cumuls scandaleux?

Mais voyons s'il y aurait quelque moyen d'affaiblir pour l'état la dépense qu'entraînerait la mesure d'abréger ces désastreux trente ans?

Des retenues sont opérées sur les appointemens de l'officier pour payer le luxe inutile et ridicule d'un tambour major, d'une musique nombreuse; pour payer le spectacle, etc. Ne serait-il pas plus raisonnable de les faire au profit de l'officier lui-même?

On opère une retenue au profit des invalides.

Eh! supprimez le luxe ruineux de son état-major, le *cumul des appointemens* de ses membres, enfin les dépenses inutiles, et que l'Etat soit seul chargé des frais de ce noble établissement. Nouvelle retenue à opérer en faveur de l'officier.

Employez l'armée aux grands travaux publics, et que la portion afférente à l'officier vienne accroître la masse de ses retenues. Que la caisse d'épargne régimentaire reçoive les économies de chacun, le fasse jouir de *l'intérêt composé*, capitalise à sa demande, tout ou portion, jusqu'à l'époque de sa retraite.

Que le temps de nos officiers soit plus employé; que leur oisiveté ne les pousse pas forcément dans les billards, les cafés, sources de désordres de tout genre : que des cours divers soient ouverts pour les soldats comme pour eux; qu'ils y professent les branches des connaissances qu'ils possèdent et se familiarisent avec les autres.

Les vingt ans arrivés, qu'ils aient la faculté, ou de rester au service avec accroissement de retraite, ou de s'en retirer avec pension, restant cependant à la disposition de l'Etat, pour, chacun dans le département qu'il aura choisi, faire partie avec son grade des divers corps actifs de la garde nationale (partisans, foudre, garde nationale mobile).

Le sort de l'officier sera ainsi fort amélioré : outre sa retraite, il aura ses économies, et, s'il veut se retirer au bout de vingt ans, il pourra encore se livrer avec avantage à d'autres carrières, et utiliser les connaissances acquises au service même.

Le Trésor y aura fait peu de sacrifices, car le temps de service étant diminué d'un tiers, il pourra réduire un peu le chiffre des pensions de retraite, non d'un tiers, elles sont si faibles!

Pourquoi d'ailleurs la loi, en proscrivant leur vente scandaleuse, ne réserverait-elle pas aux officiers, comme aux soldats, certaines places qui viendraient suppléer à l'insuffisance de leurs retraites, ou même, en certains cas, leur en tenir lieu? Pourquoi les perceptions, les recettes particulières, etc., ne seraient-elles pas réservées comme récompenses à nos officiers présentant les garanties voulues?

On se plaint de la pénurie du trésor; proscrivons cumul et vénalité : nous ouvrirons une mine inépuisable d'encouragemens et de rémunération.

L'Etat, l'armée profiteraient autant l'un que l'autre de ces réformes; les retraites plus rapprochées offrant plus de chances d'avancement, le service militaire serait plus recherché; les corps actifs de la garde nationale s'enrichiraient d'un plus grand nombre d'officiers encore jeunes, riches de patriotisme et d'instruction.

Il est inutile, je pense, d'exposer combien la morale aurait à s'applaudir de ce que l'esprit d'ordre, d'économie, l'amour du travail et de l'instruction fissent de nouveaux progrès dans l'armée, qui a déjà tant gagné à ces divers égards, et de l'anéantissement des ventes honteuses d'une foule de positions devenues honorables dès qu'elles seront la récompense des services, et non une vile matière de trafic.

## LÉGIONS ÉTRANGERES.

La charte défend que nous ayons à notre solde des troupes étrangères, et veut que nos armées ne puissent se recruter que de nationaux.

Cette disposition est très-sage; le gouvernement ayant à sa solde des corps étrangers pourrait s'en faire une arme contre nos libertés, les opposer à nos régimens et à la garde nationale, contre laquelle, au contraire, jamais nos soldats, tous citoyens, ne tourneront leurs armes. D'ailleurs, les mercenaires ne présentent jamais une garantie suffisante.

Elle permet seulement une légion étrangère, prenant des précautions pour en éviter les inconvéniens.

Cependant, arrivant la guerre générale, quels soldats nous opposeront les rois de l'Europe?

L'Autriche a dans ses rangs des Polonais, des Italiens.

La Prusse, des Polonais, des natifs des provinces rhénanes.

La Russie, des Polonais.

L'Angleterre, des Irlandais.

Or, Polonais, Italiens, habitans de la rive

gauche du Rhin et Irlandais, porteront avec regret les armes contre nous en faveur de leurs oppresseurs. Si nous leur offrions un refuge, les désertions seraient fréquentes, les prisonniers recevraient avec empressement des armes.

Ces auxiliaires pourraient être précieux et servir de noyau à des nationalités renaissantes. Serons-nous donc obligés de les repousser, ou ne pourrons-nous leur offrir aucun dédommagement, si, par suite des événemens, ils ne peuvent revoir leur pays ? non leur patrie : ils n'en ont pas.

Quel avenir est maintenant offert aux soldats de la légion étrangère? chez nous la misère, et chez eux les supplices. Ne serait-il pas juste et utile, *après un certain temps de service et de bonne conduite*, de leur accorder la naturalisation et de les recevoir comme Français dans nos rangs, en leur assurant tous les avantages offerts aux nationaux?

Si Polonais, Italiens, etc., espèrent trouver en France une patrie, dans le cas où ils ne pourraient recouvrer la leur, beaucoup, au moment de la lutte, se joindront à nous, et notre force s'accroîtra, moins encore de l'appui matériel qu'ils nous apporteront que de la défiance qu'inspireront à nos ennemis leurs nationaux restés sous leurs bannières. Diviser nos ennemis est un puissant moyen de les vaincre.

Je n'ai parlé jusqu'ici que des peuples subjugués ; que sera-ce si je rappelle que des Suédois, des Moraves, des Bohémiens, des Russes, ont fait en 1814 et 1815 tous leurs efforts pour rester en France, et que, malgré les actives recherches de leurs gouvernemens et des autorités françaises, leurs serviles auxiliaires, et quoiqu'ils fussent traqués et livrés comme des criminels, beaucoup de ces malheureux sont restés dans les départemens où les armées ennemies ont séjourné [1] ?

Qu'ont ces malheureux soldats à attendre dans leur pays? Misère, oppression, servitude. Offrons-leur, avec une patrie, liberté et protection; une foule entendront notre voix, viendront se serrer contre nous.

Relevons, dans l'occasion, les drapeaux polonais et italiens, et les nationalités polonaises et italiennes pourront renaître; ou, en cas de non réussite, après avoir été aidés par leurs malheureux débris, nous leur offrirons un asile et la liberté, achetés par de nobles efforts et les services qu'ils nous auront rendus.

## SERVICE DE SANTÉ.

Honneur et reconnaissance aux Larrey, aux Desgenettes, aux Percy, aux Lisfranc, etc., etc., qui ont consacré tant de courage, de zèle, de talens au soulagement de nos soldats blessés ou ma-

[1] Malgré les autorités françaises et étrangères, j'ai personnellement eu le bonheur de sauver deux Russes qui, plus tard, se sont établis à Sédan, où ils sont devenus bons menuisiers. Un Morave est resté chez mon père, où il est mort, et j'ai fait naturaliser un Suédois.

lades! honneur à tant de chirurgiens majors qui marchent sur leurs traces, et à cette foule de jeunes aides majors s'efforçant de se montrer leurs dignes émules!

Mais nous avons tous vu avec douleur, avec indignation, les soldats de la République, ceux même de l'Empire, être trop souvent livrés à l'ignorance absolue, à la désastreuse inhabileté d'une foule d'hommes qui, après avoir assisté comme infirmiers aux pansemens, sont parvenus à un titre qui compromit si souvent l'existence de nos soldats.

Les chefs militaires, les médecins et chirurgiens de l'armée ont souvent gémi de la cruelle nécessité d'employer de si dangereux agens; mais la pénurie de sujets instruits, l'immense consommation qui s'en faisait alors, les força trop souvent à souffrir de tels aides.

Cette calamité n'existe plus dans nos armées; mais, comme nous pouvons être dans le cas de doubler, de tripler pour un temps plus ou moins long le nombre de nos défenseurs, soit soldats, soit gardes nationaux en activité, et que la pénurie de chirurgiens instruits pourrait encore se faire sentir, la loi ne devrait-elle pas à l'avance pourvoir à ce danger?

Nos écoles sont riches d'élèves studieux et instruits, auxquels l'état fournit les professeurs les plus savans, ouvre les plus belles bibliothèques, les plus riches musées d'anatomie, dont, en un mot, il paie libéralement l'instruction.

La loi ne peut-elle, au besoin, leur faire un appel? les requérir pour un temps déterminé à servir dans nos corps armés comme aides majors? Beaucoup répondraient avec joie à un appel qui leur ouvrirait une carrière; y aurait-il injustice à exiger ce service de ceux auxquels il paraîtrait un sacrifice?

La loi appelle sous les drapeaux une foule d'hommes qui n'ont rien reçu en particulier de la nation; mais ici, la nation a été libérale; ne peut-elle exiger, en retour de sa libéralité, que l'instruction qu'elle a donnée tourne au profit de ses enfans sous les drapeaux?

Je désirerais qu'aucun diplôme de médecin ou chirurgien ne fût délivré que sous la condition que celui qui l'obtient sera, pendant un temps déterminé par la loi, à la disposition du gouvernement, pour être employé, au besoin, comme aide major, soit dans l'armée, soit dans les corps actifs de la garde nationale.

Les bataillons sont souvent séparés l'un de l'autre, et quelquefois par de grandes distances; le chirurgien major suit le colonel et le premier bataillon; les autres sont entièrement soignés alors par l'aide major; il faut donc que, par son instruction, il leur offre des garanties.

Personne, je crois, ne contestera l'utilité, la nécessité dans certains cas, de la mesure que je propose. Sa justice serait-elle contestée?

Nous ne vivons en société, nous ne profitons des

avantages que cette société nous offre, que sous la condition de supporter ses charges; ainsi, elle exige de ses membres le sacrifice de leur liberté : elle en fait des soldats; elle exige le sacrifice de leur propriété pour cause d'utilité publique, etc. Or, les médecins ont d'avance reçu d'elle les bienfaits de l'instruction; ils en reçoivent en outre des diplômes, leur conférant un droit, un avantage particulier, nécessaire, à la vérité, comme garantie pour tous, mais qui ne constitue pas moins en leur faveur un privilége très-fructueux. Où serait donc l'injustice de leur demander en retour le sacrifice possible de quelques années de leur liberté consacrées à soigner ceux qui combattent pour le salut commun?

## SUR LE CODE MILITAIRE.

Du caporal au maréchal, de la salle de police jusqu'à la peine de mort, je vois une série longue, incessante, de punisseurs acerbes et de punitions souvent abrutissantes, plus souvent draconiennes. Là le code est riche; il déploie un luxe qui va jusqu'à la prodigalité, et l'arbitraire de chacun accroît journellement ses richesses.

S'agit-il d'encouragemens, de récompenses? Que la loi est stérile! que nous nous montrons pauvres et mesquins!

C'est un beau problème, un problème dont la solution aurait une portée immense, que de conserver à la discipline son exactitude sévère et sa prompte répression, en repoussant tout ce qu'il est possible d'en élaguer d'arbitraire, de cruel et d'abrutissant.

Napoléon avait promis un million à l'inventeur d'une machine à filer le lin; j'aurais fait un appel à tous les hommes spéciaux, et comblé d'honneurs et de fortune le rédacteur du meilleur code militaire, revu par une société de moralistes.

C'est moins la gravité et la multiplicité des peines que leur juste, que leur *légale* application et la honte de les mériter qui retiendra l'homme prêt à faillir.

Que le soldat étranger tremble à l'aspect du knout, du bâton, du cachot; parlez à l'honneur du soldat français. C'est par l'honneur, bien plus que par les punitions, qu'il veut être conduit.

Combien ne doivent leur dépravation qu'à leur séjour répété dans ces salles de police, ignobles laboratoires où s'élaborent toutes les mauvaises passions où, (comme dans toutes les prisons) une population en quelque sorte inamovible tient école mutuelle de vices!

Qu'elles ne servent au supérieur que de moyen de réprimer instantanément les écarts de son inférieur; mais qu'il soit, *aussitôt que possible*, traduit devant le conseil de discipline.

Une peine, même légère, infligée par un tribunal, aura un effet plus salutaire que celle frappée par un supérieur, punissant *de proprio motu*. Souvent le sentiment de l'injustice et de l'arbitraire a seul développé les plus mauvais penchans.

Que les peines prononcées par ce tribunal soient aussi modérées que possible : souvent même une simple réprimande; mais qu'elles entraînent, en proportion de leur gravité, une prolongation de service, retardent les chances d'avancement, et laissent une trace durable.

Sans une discipline exacte, sans une répression aussi efficace que prompte, il n'existe pas d'armée, mais des bandes plus dangereuses pour la nation que pour l'ennemi; ce n'est donc point le relâchement de la discipline que je demande, mais sa moralisation. Que nos soldats soient conduits en hommes dont on respecte la dignité d'hommes et de citoyens, et qu'on instruit à se respecter eux-mêmes.

Quant aux natures indomptables, que les corps de punition continuent à en purger l'armée. C'est là qu'une répression forte et instantanée peut exiger l'emploi de l'arbitraire et d'une discipline plus que sévère; il faut une main de fer pour conduire ces hommes égarés et corrompus.

Mais que le travail manuel, que l'instruction, que des exhortations morales et l'espoir d'une prompte réhabilitation combattent leurs mauvais penchans. Provoquez leur retour au bien et empressez-vous de le récompenser.

On ne s'est jamais occupé de cultiver l'intelligence et le moral des soldats; les divers gouvernemens n'ont vu en eux que des machines à baïonnettes passivement obéissantes. Il est digne de nous et de notre époque d'agir d'une manière plus philanthropique et plus noble.

Aux punitions substituons autant que possible les encouragemens à la bonne conduite, à la moralité : les récompenses aux grands services.

Qu'a offert la patrie à Daumesnil, répondant par des boulets aux offres de millions que lui faisait l'étranger, sauvant l'honneur français, Vincennes et ses immenses arsenaux?... Des quelques braves qu'il commandait, aucun n'a-t-il été forcé de recourir depuis à la charité publique?

Cent vingt-trois Français résistent victorieusement pendant plusieurs jours à douze mille barbares; leur digne chef reçoit un grade, quelques-uns la croix d'honneur; les autres n'ont-ils rien mérité?... *Leur avenir est-il assuré?...* Pourquoi cette poignée de braves n'est-elle pas venue présenter son noble drapeau à l'enthousiasme de la France, et marcher à la tête du convoi de Napoléon?

O France! ô ma noble patrie! digne capitale du monde civilisé, à toi l'initiative de tout ce qui est grand et généreux!

Sectionne en deux tes lois militaires.

A côté du code des délits et des peines, purgé de tout arbitraire et en harmonie avec la douceur croissante de nos mœurs, proclame un code riche d'encouragemens pour la bonne conduite, pour la moralité de tes soldats, riche de récompenses pour les vertus, les talens, les services rendus à la patrie!

Donne au monde le premier exemple d'un code intitulé : DE LA VERTU ; DE LA RECONNAISSANCE NATIONALE.



FIN.

PARIS. — IMPRIMERIE DE V$^{\circ}$ DONDEY-DUPRÉ,
Rue Saint-Louis, 46, au Marais.

www.ingramcontent.com/pod-product-compliance
Ingram Content Group UK Ltd.
Pitfield, Milton Keynes, MK11 3LW, UK
UKHW020246220726
13923UKWH00002B/837